宇宙は「現象」を通してあなたに語る

最速で願いが叶うシークレット・ルール

佳川奈未
Nami Yoshikawa

ビジネス社

不思議な「まえがき」

あなたに必要なことしか起こらない

すべては必然、かつ、最善！
宇宙はあなたを導いている

この人生では、あなたに必要なことしか起こりません。

目の前に起こる現象と、あなたの内なる世界は、つねに密接な関係でつながっています。つながっているからこそ、地上に降りたあなたを、天である宇宙のすべてが、導き、助け、救い、守ることができるわけです！

宇宙は、目の前で起こる現象を通して、そのとき、そのとき、あなたに必要なメッセージやガイダンスを惜しみなく送っています。

ひとたび、あなたがそのことに気づき、この現実に〝いったい何が起こっているのか〟に注意を向け、それを興味深く読み取ろうとするならば、その大切なメッセージやガイダンスに日常的に気づけるようになります。

そして、そのメッセージやガイダンスを味方にすれば、望むことも叶えやすく、いやなことや不本意なことはあらかじめ避けられ、もっとうまく前に進めます！

そのとき、あなたは、自分にとっての最善を生きられます！

しかし、この世の中の多くの人は、目の前で起きている現象から、読みとるべきメッセージやガイダンスをうまくつかむことができず、現実に役立てたり、生きる智慧《ちえ》にしたりする術《すべ》を持てずにいます。

それゆえ、「いいことが起こった」と言っては、両手放しでよろこぶだけで、あっさりそれを終わらせ、「いやなことが起こった」と言っては、いつまでも嘆き、引きずり、それがさらに続くようなことをしているものです。

現象はシンプルだけど、浅はかなものではありません。

目の前に起こることが、あなたの内面と密接につながっている限り、あなたはハートを通して、それを見つめる必要があります。本当は、ただ、それだけで、すべての意味がわかるようになっています。

さて、宇宙は現象を通して、この瞬間もあなたに何かを語りかけています。無言のメッセージを通して、いまのあなたに伝えたいことがあるからこそ、この本も、偶然、あなたの手にとらせたのです！

偶然は、いつも必然です！

読んだのち、きっとあなたは、なぜ自分がこのタイミングでこの本を手にとったのか、その理由を知ることになるでしょう。そして、気づくべきことにも、ようやく気づくことができるでしょう。

それこそが、〝この本を手にした〟という〝現象〟が、まずはあなたに伝えたかった最初のメッセージであり、このあとに続く「人生の物語」の序章になっているのです。

2018年　5月

ミラクルハッピー　佳川　奈未

Chapter 2

自分の内側が、外側に現れる
——あなたを通して働く、リアル&スピリチュアルな唯一の摂理

Chapter

3

あらゆる神秘のベールをはがす
――オートマチックに運命調整する☆
宇宙のシークレット・ルール

Chapter 4 宇宙は現象を通してあなたに語る

——どんなことにも意味がある！
そして、次の場面へつながっている

Chapter 5

あなたを幸せにする聖なる教え

――「しくみ」を知って、大いなる力を味方にする

Chapter 1

起きていることに、気づきなさい

あなたに起こることは、
いつでも必然！
そうなるようになっている

あらゆる現象には意味がある

いま何が起きているのかに気づきなさい！
そこにガイダンスがある

いいことも、そうでないことも、何が起ころうとも、あらゆる現象には意味があります。それらのすべては、その時点でのあなたにとっての必然であり、最善です。そして、結果的にあなたのためになるものです。

起こったことの意味を、その時点で、あなた自身がわかっていなかったとしても、あなたの魂も宇宙も、これから起こる物語のはじめから終わりまでのストーリー展開のすべてとその意味を、ちゃんとわかっているものです。

そして、起こる現象の中には、声にはならないメッセージやガイダンスがあり、宇宙はそれをあなたに懸命に伝えています。

そう、「いつ、どんな場面の中にいても、あなたを守っているよ！」と、愛をこめて。

しかし、この世の中の多くの人たちは、自分の身に起こった〝現象の意味〟を、なかなかうまくつかめずにいるものです。

それどころか、ときには、間違った解釈をしたり、悪いようにとったりしています。

そのせいで、よけいなことをしたり、行かなくてもいい方向に行ったりして、人生を混乱させたり、遠回りしたりすることがあるものです。

それも仕方がありません。

というのも、人間には、何かとあれこれ判断をしたがる頭があるからです。

頭は、ほっておくと、四六時中なにかしら理論や理屈を言ってきては、あなたの心や感覚にきたピュアでストレートなものを、排除しがちです。

また、あろうことか理屈はときどき嘘をつき、あなたの判断を狂わせたりもするものです。

現象を通して宇宙が伝えてくるメッセージやガイダンスを、ちゃんと受け取りたいなら、頭のことはいったん脇へ置き、〝ハート〟を通して、起きていることをながめることが、何より大切です。

目に映るすべての出来事や場面は、ハートを通してみつめるだけで、自分にとっての「正解」を、その瞬間、その瞬間に、うまく受け取らせてくれるからです。

ことの始まりは、何かを決めたときから！

小さなことの一つひとつを決断しながら人は前に進む

あなたが心で何かを望んだときから成就までの瞬間は、宇宙の中ではすべてパーフェクトに綿密に計算され、仕組まれていて、〝すべてがそろったところ〟で、ポンッと目の前に現象として現れます。

その過程にある一つひとつの現象が起こるタイミングには、寸分の狂いもありません。そして、その現象のすべてに、あなたの心の状態がしっかり反映されているものです。

ここからご紹介するエピソードは、ついこの間、私が体験したことです。そこには〝望む状態が起こるまでに必要な過程〟のすべてがありました。

それは、誰の日常にもよくある、ありふれたことです。が、そんな小さなところにも、願望実現の全過程、つまり、「望んだものを受け取るまでの心の世界と現象化の秘密」があったのには驚きました。

ささいなことではありますが、とても貴重な体験でした。

なぜなら、それは、ありがたいことにこの本の執筆中に起こり、現象化の神秘について、またひとつ確信となるものを得させてくれたのですから。

あなたも日常で、これと同じような経験をしたことがあることでしょう。

それゆえ、ここから伝える現象の意味を、どうか興味深く見てほしいのです……。

それは、私と妹が京都に遊びに行った日のことです。

その日、私たちは、前々から行きたかった、ある有名なお店で食事をしようということになり、急遽《きゅうきょ》、そこに向かったのです。

「あのお店に入れるかなぁ？」

妹は不安げにそう言いました。なにせ、そこは、〝いつも混んでいる〟と、携帯サイトに情報掲載されていて、妹はそれを見ていたからです。

しかも、そのお店は、ほっておいても来店者がわんさか押しかけるようで、「予約不可」となっており、電話での事前予約は受け付けていませんでした。

それで、私はこう答えたのです。

「入れるかどうかはわからないけど、とにかく、行ってみようよ！　私たちは行きたいわけだし。もし、ダメだったら、その時点でどうするかを考えようよ」

「うん♪そうやね」

しかし、さすが人気店！　行ってみると、店内フロントには人が並んでいて、スタッフの男性が忙しそうにしていました。

そこにいる人に次々となにやら言葉をかけては、申し訳なさそうに、しかし、笑顔をたやさず対応していたのです。

その対応に、笑顔でうなずく人もいれば、悩んでいる人、しかめっ面をする人、怒って出て行く人など、さまざまな反応があり、多くの人が次々と店のドアを出入りしていきました。

あとからも次々と人が押し寄せましたが、たくさんの人であふれかえっているとわかると、ただそれだけで、何も問うことすらなく、帰っていきました。

そして、私たちの番になったとき、スタッフの男性がこう言ったのです。

「今日は、満席で時間がかかりそうでございます。しかし、お待ちいただけるようでしたら、今夜の〝ご予約〟は可能で、必ずお席の確保はさせていただきます」

一瞬、私と妹は顔を見合わせました。でも、「せっかく念願のお店に向かって遠くから来たのだし……」と、すぐに「はい」と返事をしました。

しかし心配症の妹は、お店のスタッフに、こう聞いたのです。

「あの、待つことは待ちますが……いま、何人くらいの人が予約していますか?」

「只今、6組のご予約がございますので、お客様は7組目のご予約となります。……いかがいたしましょう?」

すると、妹は、判断を私に任せたいといわんばかりの顔を、こちらに向けたのです。

すかさず私は、こう言い放ちました。

「じゃあ、待てば? 待ったら、叶うわけだし」

しかし、妹はまだ何か気になることがあるようで、またこう聞いたのです。

「この待ち人数だと、どれくらい〝時間〟がかかりそうですか?」

「そうですね……おそらく、1時間30分もすれば、順番が来るかと思います。2時間はかからないでしょう……」

「えっ!? 1時間30分も待つの!?」

妹がすっとんきょうな声を出すのも無理ありません。

なにせそのときの時間は19時24分だったのですから。そこから時間がそれだけかかるとなると、いつもより遅い食事ということになります。しかも、そのあと妹は電車に乗って京都から神戸に帰ることにもなっていたので、あとの予定を考えると、少しあせったりもするわけです。

そんな妹の気持ちはよくわかります。それゆえ、私はこう言いました。

「もし、時間的なことや、あとのことを心配しているなら、予約をやめてもいいよ。さっと入れる他の店でもいいし。でも、それくらいの時間なら、そこら辺をショッピングでもしていたら、きっとすぐだよ。もし、電車に乗り遅れたら、私のホテルに泊まればいい」

「そうだね♪それなら大丈夫。時間のことは気にしないことにする。……では、予約をお願いします！」

「かしこまりました。では、お席が空く頃に携帯にお電話させていただきます。お電話が鳴りましたら、お店にお戻りくださいませ」

それは、ただ、起こる

宇宙はあなたのすべてをわかっていて、綿密な計算のもとに動く

「叩けよ、さらば開かれん！」という言葉があります。

救いを求めてドアをノックしたならば、必ずドアが開き、誰かが出てきて、助けてくれる＝求めれば、神は応えてくれる。また、積極的に行動に出たならば、必ず道は開くという意味の言葉です。

しかし場合によっては、ドアを叩いても、すぐにドアが開き、すんなり中に入れるとは限りません。

けれども、望むことに対して積極的に働きかければ、それなりに道は示されるものです。それに乗ってみる気持ちさえあるなら、望みが叶うことは多々あります。

「自分の順番がくるまで、待つしかない」

店内には広いウェイティング・スペースがなく、いったんそこをあとにするしかないということで、私たちは寒空のもと、外に出ることになりました。

しかし、〝席が確保される〟ということに、私たちは、ほこほこあたたかく、とてもいい気分になっていました。安堵《あんど》とよろこびです。

可能だということが「約束」されるだけで、人は、待つことも平気になるものです。たとえ、時間がかかろうとも！

そして、私と妹は近くの喫茶店にでも入って、時間をつぶそうということになり、喫茶店を探したのです。

そのとき、来る道中に通った道とは違う路地に入ってみたい気分になり、「こっちに行ってみようよ。何かあるかもよ」と、直感的に気になる路地に入ってみました。

すると、なんと!!　そこで偶然、自分の大好きなアーチストが入り浸っているという、ある噂《うわさ》の名店を見つけてしまったのです！

しかも、それはまさに前日に妹と電話で、「今度、絶対に行こうね♪」と言っていた、心躍る興味津々のお店でした。

「あっ、見て！　昨日、言っていたあのアーチストの行きつけのお店、ここにあったんやね！　偶然見つけてしまうなんて、すごくラッキー!!　次は絶対にここに行けってことでしょ、これは♪」

よろこんで、夢の途中経過を歩いていると、思わぬうれしい発見があるものです。それは、〝待つ〟ということを受け入れた人に、そっと送られる、「宇宙からのささやかなプレゼント」のようにも思えました。

そうこうしているうちに、素敵なカフェが目の前に現れました。それは、私が以前、旅行雑誌で見た、これまた人気の素敵なお店でした。

「ちょうどいい！　前から気になっていたから、あそこに入ろうよ♪」

「そうだね。コーヒーでも飲んで、ホッとしよう。それに、あそこなら予約したお店のスタッフから電話がかかってきても、すぐにお店に戻れるしね」と。

何かひとつのことに憧れたり、望んだりして、行動しているとき、それとは別の憧れや望みが、なぜか同時に「おまけ♪」のように叶うことがあるものです。

それも、願望実現の途中で起こるラッキー現象のひとつですが、それは、ワクワクして、よろこんで何かをしているときに、よく起こるシンクロニシティです!

カフェに入って席に案内されると、ソファに座るやいなや、妹は笑顔でこう言いました。

「おねぇちゃん、あの予約不可の店、行くことで席を確保してくれるとは、知らなかったね。それに、あの憧れのスターの店も偶然に見つかってよかったね! 直感通りに動いて正解だったね♪待っている間に話もたっぷりできるし、むしろ、待つことになってよかったよね！」と。

そして、予約したお店からの連絡を楽しみにしながら、よろこばしい気持ちの中、あたたかいコーヒーを飲み、心と体を温め、わたしたちは楽しいおしゃべりに花を咲かせました。ときおり、「私たちはいつもラッキーだね♪」などと言って、ポジティブな話で盛り上がりながら。

しかし、50分もするとコーヒーも空になり、だんだん話も尽き、退屈になってきました。そうして、トイレに行ったり、口紅を塗り直したり、家族にちょっと電話したり、雑誌をめくったりと、何かと隙間《すきま》の時間を埋めていました。

それでも、それが終わると、ふたりはそわそわしはじめました。

そして、妹が時間を気にしているかもしれないと思い、私はこう言ってみたのです。

「ねぇ、あれからまだ1時間くらいしか経ってないけど、もしかしたら、予約をキャンセルする人がいたり、食事を終えた人もいたりして、お店の状況も変わっているかもしれないよ……

一度、様子を見にいこうよ！　早めに叶うことだって、あるかもしれないし」。

そうして、会計をすませ、コートをはおり、ふたりで喫茶店から出たのです。

もう、体は充分あたたまっていました。そして、「待つことは、待ったぞ」という気にもなっていました。ある程度、時間は過ぎたわけだからと。

タイミングは、計られている

それは、早く叶う？　遅く叶う？
いいえ、「適った時期」に叶うだけ

外に出ると、急に寒くなっていて雪がちらほら降っていました。

ふたりは「うう～、寒い!!」と言って、コートをぎゅっと胸の前でつめ、体を縮こまらせながら、小走りで、しかし希望を持って、いそいそと予約したお店に再び向かいました。

行ってみると、……案の定、まだでした。まぁ、そうかもしれないことは予想がついていましたが。

お店のスタッフの男性は、再び現れた私たちに対して、とてもすまなそうな顔をして、こう言ったものです。

「お寒い中、何度も本当に申し訳ありません……あと、3組目というところまできていますが、まだでして……。お席が用意でき次第、必ず携帯にお電話させていただきますので、もうしばらくお時間をください」

「……そうだよね」

予定の時間は、まだ来ていなかったのだから。

〝あわよくば、早めに席につけたら、いいなぁ〟という気持ちのもと動いたわけですが、そううまくはいきませんでした。

状況は少しずつ、確実に、動いていました。

しかし、順番はまだ私たちのところまでは、きていなかったのです。

「仕方ない。でも、どうしよう。外は寒いし、また喫茶店に入る？」

私がそう言うと、妹はぷっとふくれて、こう言ったのです。

「おねぇちゃんのせいやで！　時間も来ていないのに、早く様子を見に行ったから！

あのままおとなしく喫茶店にいたら、こんな寒い目にあわへんかったのに！」

「そしたら、もう一回、喫茶店に入ればいいやん」

「なんでよ！　そんな何回も、お金がもったいない！」

「喫茶店代くらい、私が出すけど」

「そんな問題と違うわ。おねぇちゃんがお金を出しても、〝もったいない〟と言っているわけや、私は」


その言葉を聞いて、少しムッとした私は、こう言い返したのです。

「何でもお金、お金といわんといて。もったいないことなんて、何もあらへんやろ!?

目的のために、必要な時間つぶしのために、あとの楽しみのために、いま使わなあかんお金と時間もあるんや！

しかも、私はそういうことを、もったいないとは思わへん。まぁ、価値観の違いやろうけど」

「おねぇちゃんが、あせるからあかんねん。せっかちが悪いねん！」

「いや、あせってへんし、せっかちと違うで！　少しでも早くお店に入れたら、あんたが早く家に帰れると思って、時間を気にしたんや」

「いや、あせっていたのは、おねぇちゃんやで。私はもう時間のことなんか、気にしてなかったよ」

「そしたら、早くそのことを言ってよね！　ほな私は、なんぼでも、あの喫茶店でのんびりしてたんやわ」


何かがすんなりいかないとき、とかく人は、〝誰かや何かのせいにして責めたがる〟ものです。すんなりいかなかったことに、がっかりしたり、傷ついたり、怒ったりして、気分がよくないからです。

しかし、誰かと一緒に何かをしていてそうなったとしたら、相手もそのすんなりいかなかったことを、気に病んでいるものです。だから、誰も何も責める必要はないし、わぁわぁ騒ぐ必要もないのです。

どのみち、機が熟さないと、何も現象化しません。来るべきときがくるまで、結果は出ないというのが、宇宙の法則なのですから。

誰のせいでもない！　時間とエネルギーが満たされなければ、どんなにあせって動いても、現象化しないものです。望みはいつも、自分の都合で叶うのではなく、宇宙の都合で叶うものなのですから。

何かひとつが欠けても、成り立たない

途中経過を楽しむこと！
叶えたいなら当然のこととして

ちょっと言い合いになったものの、今度は私が怒った顔つきになったのを察知した妹は、すぐに私の機嫌をとるかのように、また明るい声でこう切り出しました。
「ほな、あのファッションビルに入ろう。あそこなら、見るものもたくさんあるから、待ち時間も楽しいわ♪」

そう、「待ち時間は、楽しくやる」が鉄則です♪
というのも、待っている間、どういう気分でいたのかというエネルギーが、現象化の過程に加わってしまうのですから！

そうして、ふたりで可愛いお洋服を観たり、アクセサリーを観たりして、うろうろしていたのです。店内には、〝待っている間、待っていることすら忘れさせてくれるような、良い刺激〟がたくさんありました。

しかし、買い物するたびに荷物も増え、広いフロアを重たい荷物を持って、うろついているうちに、ふたりともまた疲れてきました。そして、気になってきました。

「まだ、電話は鳴らないのか……」と。

気がつくと、時間は予約した時点から、とうに予定の1時間30分を超えていました。

しびれをきらしたのは、今度は、妹のほうでした。

「ねぇ、あれから、かなり時間が過ぎてるよね」

「ほんまや。でも、またあの店に戻って〝まだです〟なんて言われたら、無駄足になるから、一度、こっちからお店に電話してみる？　予定の時間みたいですけど、どんな具合ですかって」

「そんなん、あかん。だって、店の人が電話をかけるって言ったのやから、かけてくれるやろ！」

時計を確かめると、もう2時間が過ぎていました。2時間も時間はかからないとお店のスタッフの方は言っていたにもかかわらず。

しかし、妹の携帯は一度も鳴っていませんでした。

予定の時間を過ぎても、叶うべきことが叶わないと、今度は、せっかちになる、あせる、というのとは、まったく違う反応が人には現れるものです。

それは、いったい、どんなことでしょうか？

引き続き、次のページでお伝えしましょう！

信頼を寄せる

あなたの内側の真実が、
外側にも現れるということを肝に銘じる

予想していた時間を超えてもなお、待っているものが現われないとき、人は、あせりとは別の反応を現わすものです。

その別の反応とは、「疑う」ということです。

約束の時間はとっくに超えているのに、妹の携帯は一度も鳴りませんでした。

そして、最初に疑ったのは、私でした。

「あんた、ちゃんとスタッフの人に自分の携帯電話番号を伝えた？　番号を間違えて伝えてない？」

「間違うわけないやん、自分の番号やのに」

「そやなぁ……」

「もうちょっとだけ、待ってみたら？」

けれども、そう言っている妹自身、なんだか少し不安そうな顔になっていました。

そして、もしかしたら、もう今夜は、席が思うようには空かないのではないか？　と、ふと、そんなことを思ったりもしていたようで、こう言葉を付け加えたのでした。

「おねぇちゃん、やっぱり、他の店に行く？　もう、あそこに行くのは、あきらめる？予約はもうキャンセルするしかないんじゃないかな……電話がかかってくる気配もないし、先が見えない感じだし……」

「……どうしようかなぁ」


しかし、**いつでも、何かが叶うのは、あきらめのちょっと先！**

あきらめかけたとき、本当は、最も結果に近いところにいるものです。


けれども、この世の多くの人たちは、何かを望んでいるものの、時間が経過するほど不安になり、叶う気配が見えないといっては不安がり、遂には、結果が来るのを待ちくたびれて、勝手に「もう、ダメだ」と思い込み、自らあきらめて去ってしまうものです。

そして、私と妹も、このままいつになるともわからない予約の電話を、不安になりながら、まだ待つべきか、はたまた、自分たちで見切りをつけてあきらめて去るべきか……と、それぞれの中で黙って同じことを考えていたのです。

そのとき、ふと、妹がこんなことを聞いてきたのです。

「おねぇちゃん、願望実現の本を書いている人やったら、こんなとき、なんで叶うのが遅くなっているのか、わからへんの？」

いや、それは、そんなたいそうな話ではなく、あのお店がたまたま今夜はいつも以上に混んでいて、最初にいたお客さんもなかなか帰らず、スムーズに入れ替えができず、てこずっているということなのでしょうが……。

しかし、それにしても遅い！

このままずっと、そのとばっちりをくい続けるわけにはいかない！


そのとき、私は考えたのです。

「何かの法則を見落としていたのかもしれない」

スムーズに叶えるために、何かすべきことをしていなかったのかもと。

その瞬間、妹が突然、大笑いを始めて、こう言ったのです。


「おねぇちゃん、そういえば、おねぇちゃんの本に書いていたわ。

〝疑うことが結果をいちばん遅らせる〟ことだと。それは、どう？（笑）」


「あっ！　そうやったわ（笑）。

でも〝宇宙は必ず望みを叶えてくれる〟ということには、全幅《ぜんぷく》の信頼を寄せていたよ。決して、宇宙を疑ったりはしてないよ。

でも、私は、あのスタッフをちょっぴり疑っていたわ。〝この人、ちゃんと人をてきぱきさばいて、予約の人にスムーズに電話をかけてきてくれるのかなぁ？　って（笑）」

「そんなん、あかんやん。信じてあげようよ。ちゃんと約束したんやもん、携帯に電話をかけるって」

「自分の内側が、外側にも現れる」

それが、現象の摂理です。それをつねに肝に銘じておくべきでした。

そして、「信じる」ということを通して、人は、物事の成就に協力的でいるべきでした。

しかし、それだけではなかったのです。

あとひとつ、望みをすんなり叶えるために、すべき肝心なことがあったのです！

「それよりも私たち、すべきことをしていなかったわ！」

「えっ⁉　それは、何？　〝待つ〟ということ以外に、〝信じる〟ということ以外に、まだ何かあったの？」

そこで、私は、「結果」をすんなり現象化するための、その最も肝心な〝すべきこと〟について、こう妹に伝えたのです。

……次のページへ続く！

すべき肝心なことをした？

よけいなことはいりません。
むしろ、これだけやればいいくらいです！

「いい!?　よく聞いて！　私たちが待っているこの間に、唯一していなかったことで、最も肝心なことがある！

それがなかったら、100年経っても叶わないというくらいに、肝心なことよ！

それは、〝**イメージの中で、結果を先取りする**〟ということ！

つまり、〝心の中で、先に、あの店内に入り、席にすわり、料理を食べる〟ということ。心の中で先に食べて、イメージの中で結果を先取りしないと、現実でなかなか食べられないいわけや！」

「あっ、そっか！」

それがわかれば、さっそく、それを実行するのみです！

私と妹は、フロアの端にあったソファに座り、目を閉じ、写真で前々から見ていたあの店の名物料理を、心の中でひと口、食べたのです。

そのイメージの世界での行為は、ほんの何秒でした。

そして、**「これで、よし！」と、目をあけたとたん、突然、妹の携帯が鳴ったのです！**

これ、本当です!!

電話に出てみると、待ちに待ったうれしい言葉が聞こえてきました。

「お待たせしました！　お席が用意できましたので、ご来店くださいませ」

心の中で食べたら〝電話がかかってきた〟というその現象に、私と妹は、大笑いしたものです。そして、妹は、笑い転げながらこう言いました。

「おねぇちゃん、宇宙って、ほんまにすごいなぁ。すべきことさえちゃんとしておけば、〝はい、これで完了！〟と言うかのように、本当にその結果をすぐに持ってくるなんて♪まるで、こちらの心の中や、したことを宇宙はわかっているみたいに反応するんやね」

そう、宇宙の摂理とは、そういうものだったのです！

遅れた分だけ、宇宙はサービスしてくれる

もし時間がかかりすぎたとしたら、
むしろ、よろこんでいいでしょう♪

あなたの望んでいたものがやってくるのが、思っていたよりも遅いというとき、やきもきしたり、あせったり、怒ったりする必要はありません。
むしろ、「ほほう〜、宇宙は、今度はどうしてくれるつもりかな♪そこで起こる現象が楽しみだ」と期待して、よろこんでください。

というのも、宇宙が何かしらの結果という現象をあなたに運んでくる際に、予定以上に時間がかかって、あなたを待たせているなというとき、宇宙は、幸運の複利という「おまけ♪」を用意しているからです！

あなたに与えられるすべての善きものをかき集められるだけかき集めて、「はい、どうぞ♪」と、与えようとしているわけです。それで、時間がかかっているのです！

覚えておきたいことは、宇宙は無意味に遅れたりしないということです！　そして、その分、いつも、宇宙は太っ腹だということです。

ちょっとくらい時間が過ぎたからといって、ただそれだけの理由で、ケチケチした自分の狭い了見で、物事に対して悪い取り方をしたり、何かを疑ったりして文句を言ってはいけないのです。

さて、私と妹がお店に行ってみると、そこは、最初のごったがえした雰囲気とは違って、落ち着いた静かなムードがありました。

「ああ、よかった♪このほうが、リラックスできるよね」

そして、最も居心地の良い〝VIP席〟に通してもらえたのです。

そのうえ、「お待たせして申し訳なかったので」と、お店の人がいろいろとサービスを提供してくれたのです。

なによりも感動したのは、待つだけ待って食べる食事は、とても、とても、おいしかったということです！

もちろん、すぐに食べることができていたとしても、おいしいものはおいしいのかもしれません。が、〝長く待った〟ということが、ようやく口にした最初の料理を本当に〝感動的〟にしてくれました。

このとき味わう感動は、待った者にしか、味わえないのかもしれません。そしてそれは、他のどんなことにもいえることなのかもしれません。

たとえば、オリンピックの選手が「金メダル」をとりたい！　というときも、すんなりとれるのもいいかもしれませんが、何年も努力し続けたあとにとれるからこそ、感動もひとしおで、その長年の苦労の報われ方も大きいものです。

待つというとき、人は、その望むものを本当に好きでなければ、愛していなければ

待てないものです。愛しているからこそ、それが手に入るなら何年でも待ち、どんな努力でもする！　という気持ちで、つき進めるのです。

人はそうやって苦労して手に入れたものは、決して無駄にはしないものです。ずっとずっと大切にします。

けれども、これとは逆に、本当にはその価値をわかっておらず、好きでもなく、愛してもおらず、心から望んではいないという場合、人は、それをかんたんに見捨てるものです。好きではないものには気持ちが続かないから、時間も労力もかけられないというわけです。

人は、いつも、どんな場合も、自分が望み、愛するものは、決して失いません。それは、時間がかかってもそれを手に入れる「価値」と「感動」を、それを望んだ最初の段階から自分がわかっているからです。

大事なのは、早いか、遅いかではない！

それよりもっと重要なことを、
決して忘れてはならない。

何か叶えたいものや、望むものがあるというとき、その成就の時間や年月の早さを気にする必要はありません。

うさぎと亀の話ではありませんが、早くゴールしたから偉いということではないからです。時間的な、年月的な、早いか・遅いかより、もっと大事なことがあります。

それは、いったい、何でしょうか？

ズバリ「確実さ」です！

そして、もうひとつおまけに、付け加えるとするならば、「満足さ」です！

たとえ、早く何かが叶ったとしても、そこに、不完全なものがあったり、自分が思い描いていた形や感動がなかったとしたら、あまり意味がないのかもしれません。

ささっと入ったお店で、パパッと何かを食べて、「いまいちだったね」と、残念な気分を味わったとしたら、その時間と行為は何ともったいないことか。

多少、思ったより、時間や年月がかかったとしても、「これが望んでいたものだ！自分はこれがほしかったんだ！」と、そこにあるパーフェクトな輝きや、確実さや、満足感を手にするほうが、よろこびも大きいものです。

時間をかけて、コトコト煮込んだカレーがおいしいのは、時間や手間暇がかかっていて、〝自分の努力のあと〟が見えるからであり、それゆえ、感動するのです。

ちなみに、私は作家デビューするまでにとても長い時間がかかりました。

20代の頃から作家になりたいと憧れていて、いろんな出版社にアタックしていましたが、実際にデビューできたのは、42歳になってからでした。

しかし、そのときのよろこびといったらありませんでした。〝ようやく何かが報われる〟というとき、年月がかかっているほど、そこに注いだエネルギーも大き、なにかと拡大しており、それゆえ、出る結果も半端なく大きいものとなるものです。

もし、早くに作家デビューできていたとしたら、どうなっていたでしょうか？

もちろん、それはそれで、よろこんだかもしれません。が、あとが続いたかどうかわかりません。

というのも、いまの私を支えているのは、「あんなにがんばって入った世界なのだから、死ぬまで大事にしていきたい。一生、本を書いていきたい！」という、自分の努力の年月や、愛を持って待った人生に対する、敬意と熱い想いだからです。

しかも、もし、若くして早くに作家になっていたとしたら、まだ成長すべき成長もしきれておらず、経験も足らず、いまのように何かを深く見つめられる自分になっていなかったかもしれないし、いいものを書けなかったかもしれません。

時間は、人を、裏切ることはありません。時間は、その間、努力している人を成長させ、パワーアップさせます。また、それが叶う日をけなげに待っている人に、みごとな魔法をかけて、奇跡を起こしてくれるものです！

その途中経過の素晴らしい一つひとつの現象と物事の流れが、たどり着くべきゴールへと、確実に連れて行ってくれるものです！

……さて、話は戻りますが、結局、その日、あのお店で素敵な夕食を終えたあと、妹は無事、最終電車に間に合い、満足して神戸に帰ることができました。そして、その帰りの電車の中から、うれしいメールをくれました。

「おねぇちゃん、望んだことが叶う〝現象化の秘密〟を、実体験として教えてくれて、ありがとう！」

そして、何日かあとに、また、うれしいメールをくれたのです。

「おねぇちゃん！　私が行きたかった会社から、したかった仕事の話がきたよ！　あの日、叶えたい結果を〝心の中で、先取りする♪〟ということの効能を現象として体験したから、今回もそれを試したんよ。そのおかげかも！」と。

結局、良くなるようになっている！

途中経過がどうであれ、すべてはあとの〝最善〟につながっている

あなたに起こる日常の一つひとつの現象は、すべて必然であり、最善であり、意味があることばかりです。

ゆえに、この人生では、あなたに必要なことしか起こらないようになっていて、結局そのすべてが、より良くなるためにのみ、起こっています！

しかも、その**現象が起こる時間的なことは、いつもパーフェクトで、寸分の狂いもありません。あなたの内面と宇宙との密接な関係のもと、綿密に計算されて、然るべきタイミングで、より善なるものに向かうためだけに起こります。**

また、日常のさまざまな現象は、宇宙があなたを最終的には、〝魂の目的地〟へと

導くために、あなたの魂と連携して起こるものです。そして、その現象がどんなものであるのかも、つねに、あなたの内面と密接に関係しています。

現象に対して、ひとつ、注意しておきたいことは、決して「間違った受け取り方をしてはいけない」ということです！　その現象の解釈は、つねに、自分にとっての最善につながるよう、良いほうに考えることです。

たとえば、何かが遅れているとき「遅れるなんて！」と文句を言ったり、怒ったり、「運が悪い」と嘆くのではなく、「遅れることには、意味があるのだろう」と考えることで、必要な時間と現象を経過させる心の余裕を持つことです。

また、なにかしらの物事がおじゃんになるというときには、「これがダメになるなんて、縁起悪い！」などと騒いで、悪い意味にとるのではなく、「自分には必要がなかったから、それは成り立たなかったのだろう。ならば、他のことを成就させればいい」と、受け取るのです。

「なんなら、別の時期にいい形になればいい」と受け取り、人生に〝新たな可能性〟を持たせることです。

覚えておきたいことは、あなたが精神的に、現実的に、不本意な現象の中にいるというとき、あるいは、いやなことや辛い現象の中にいるとき、だからといってそれはなんでもかんでも、悪いことだというわけではないということです。

現象が示す物事の意味は、あとになってからしか、わからないものです。

よくないことのように見えたことが、あとから見ると、「むしろ、あのとき、ああなってくれていて、かえってよかった！」ということが、多々あります。

たとえば、病気になって、会社をやめたことで、自分の新しい道が見つかったということもあったりします。

病気になったとき、その時点では、不本意で辛いかもしれませんが、そういう現象や経験や時間経過だけがくれる、のちの素晴らしい宝物があったりするのです。

そして、**覚えておきたいことは、不満なこと、不本意なことが起こるのは、いつも、現象をより良く変化させるチャンスのときだということです！**

「この現象の中にある、いまの自分の気持ちを点検しなさい」

「ちゃんと、心の声を聞きなさい」ということでもあります。

「ネガティブな気持ちや、よけいな重たいものを抱えていませんか？」

「こんなこと、もういやでしょ？　ここらで、もう、なんとかしたくない？」と、言っている声を聞く必要があるのです。

逆に、目の前に起こる現象が、とても満足で、本望であるという場合には、大いによろこばしい気分を味わい、うまくキープすればいいということです。

「そう、その良い気分を通して、さらにエネルギーを拡大しなさい。そうすれば、もっといいことが起こるよ♪」と現象は言っているということです。

何が起ころうと、すべては最善につながっていて、より良くなるためにと、宇宙が現象を通してあなたを導き、救おうとしているだけなのです。

しかし、現象から与えられる意味をよく理解できない人は、何かいやなことがひとつ起こるだけで、あれこれ心配し、勝手に悪いようにとっては、運が悪いだの、恵まれていないだのと、恐れ、騒いでは、問題を大きくして、間違った方向へと自分を導きがちです。が、本当は、そうではないのです。

いつでも宇宙は、「不満で、不本意な現実の中にいるのがいやなら、あなたの内面を満足するもの、本意なものに、変えるだけでいい！」と、いっているのです。

それだけで、現れる現象はいくらでも良いものに変えられるのだから！　と。

Chapter

2

自分の内側が、外側に現れる

あなたを通して働く、
リアル&スピリチュアルな唯一の摂理

どんな現象も、心を映し出している

日常に何をもたらしたいですか？
すべてはあなたの中にある

目の前で起こる現象の一つひとつには、あなたが気づくべきメッセージや、あなたをより良く、より幸せに、確実に導く、素晴らしいガイダンスがたくさんあります。

しかし、目の前で起きた出来事や場面について、「どうしていまそれが起きたのか」、逆に、「どうしてそれが起こらなかったのか」というそもそもの〝現象化の摂理〟を知らなければ、あなたは何かが起きた場合でも、起きなかった場合でも、その意味を正しく読み取ることはできないものです。

しかも、現象はいつも「無言」で語りかけてきます。

そのためにも、まず肝心なこととして、いつでもわかっておきたいことは、「あな

たに起こる現象」のすべては、〝あなたの心の世界を映し出している〟ということです！
必ず連動していて、切り離して考えることはできません。

先に何かがあなたの心の中に生まれ、それがあなたの中で力を持ったことで、あとから見合った出来事が目の前に現われる。それが現象というものです。

たとえば、あなたの心の中には、毎日、なにかしらのつぶやきや、特定の言葉、「こうだ」と思い込んでいる物語や、それにともなって発生するさまざまなイメージや感情があるでしょう。また、それらは、いろんな意図や方向性や独特の世界観を持っていることでしょう。

それらに対して、意識的であれ、無意識的であれ、あなたが注意を向けるとき（注目するとき）、それらに自動的に〝エネルギーを注いでいる〟ことになります。

そのエネルギーの質は、主にあなたの〝感情の質〟によって決定され、それによって、あなたに起こる〝現象の質〟も決定されます。

それがどんな現象であれ、現実に何かが起こるというとき、それはあなたの中からしか生まれることはできないということです。

たとえば、いま、私がビジネス社さまでこの原稿を書いているという現象も、そもそもは私が「ビジネス社さまで本を出したい！」と思っていたことがもとになっています。

あるときそう思って、いつからか意識していて、「きっと、ご縁がある♪」と、気楽に注目していたのです。

すると、本の仕事とはまったく関係のない、天然石の仕入れのために出向いた会社で、ある人物に偶然出逢いました。

その会社の社長が、「なみさん、今日は素敵な方が当社にお見えですので、ご紹介しておきます」と、つなげてくれた方は、偶然、ビジネス社関連会社の方だったのです！

それで、なにげなく、その方に「ビジネス社さまからも、本を出したいと思っているんです♪」と、口にしてみたのです。

すると、「それなら、まかせておいてください！　僕がビジネス社をご紹介させていただきます！」と言ってくださり、すぐにビジネス社の社長と担当者に会う流れになり、こうして書くことになり、思いが見事に現象化されたのです。

しかも、書きたい内容は、私の中で、ビジネス社さまに出逢う前からすでに決まっていたので、それをそのまま企画書にしたら、すぐに通ったのです！

もし、私の心の中に「ビジネス社さまで本を出したい」「そのときは、こういう企画でいく」という思いやイメージが最初になければ、それを思うことも、意識することも、そこにエネルギーを注ぐこともできなかったでしょう。そうなると、きっと、この現実もなかったことでしょう。

これは、**とりもなおさず、自分自身こそ、現象の「種」であり、その種が発芽するしくみさえも、すべて持っている者であるということです！**

最初、自分の心の中にしかなかった世界に対して、あなたが頻繁に注意を向け、そのつど特定の感情をふくらませ、エネルギーを注ぎ続けるとき、それははっきりと見える「絵」となり、現象化する力を持つようになるのです。

あなたは自分の中にあるその絵に、頻繁に注意を向けるたびに、それがもっとしっかり育つようにと、本物になるようにと〝肥料を与えている〟ことになります！

すると、その「絵」自身の中にある〝宇宙の摂理〟が働き、すくすく育ち、〝生きたもの〟となり、確固たる「現物質」になるわけです。

そうしてあなたは、自分の中でこしらえたにすぎなかった最初の思いを、絵にし、エネルギー化し、遂に現象化してしまうのです！

その現象化の流れは、極めて自然で、日常的で、どこにも無理なものや、故意なものや、がんばるものがなく、至極ナチュラルで、ピュアで、スムーズです。

内側で得たなら、外側でも得る

「原因」の世界をさわれば、現実という「結果」も、変えられる！

あなたが、自分の内側の世界で、何かを思いめぐらせたり、望んだりして、それにまつわるなんらかの絵（イメージやビジョン）をひとめ見て、気分や感情や感覚を通して、先に内的に体験してしまうとき、まもなく、外側の世界でもそれは起こることになります。

というのも、そのとき、あなたは自分のこととして、それを得ているのであり、〝そうなった者〟になっているからです。つまり、思いめぐらせ、望んだことをしているその人、その状態、その結果、〝そのもの〟になっているということです！

自分の内側で見たものに感情や感覚を通してエネルギーを注ぐとき、あなたはその「ひな型」（原型）をこしらえているということであり、それを宇宙に送り出していることになります。

そして、宇宙はそれをキャッチして、現象化するために働きはじめるのです！

いつでも、あなたは、自分の感情や感覚を通して、すでに〝体験済み〟のことを、あとからこの現実でリアルに体験するだけなのです。


「内側で得たなら、外側でも得る」というわけです。

それが〝宇宙の法則〟であり、現象化にまつわる〝真実〟です！


このことがわかるようになった人から順に、うまく自分の内側の世界を築ける人になり、望む世界をうまく現象化できる人になります！

とにかく、あなたがさわるべき世界は、自分の内側の世界（ハート、マインド、フィーリング、イメージなど）のみ、です。

この自分の内側という〝いまはまだ目に見えない世界〟こそ、「原因の世界」であり、〝やがて目に見える世界〟という外側の現実として現象化する「結果の世界」のもとになっているのですから。

しかも、その内側の世界をさわれるのはあなただけです！　誰もそこに勝手に入ってきたりすることはできません。

あなたのハートは外からは見えない場所にあり、他人がさわることのできない安全な領域にあり、完全に守護されています。そう、宇宙の摂理によって！

自己の内側を、さわることができるというのは、直接「原因」の世界をさわるということであり、「結果」をどうするのかについては、つねに、〝自分の手中にある〟ということです。これは、すごいことです！

あなたが創造主であり、宇宙と一心同体であり、起こる現象の責任者であるということなのですから！

「嘆かわしい」現象の〝種あかし〟

おもしろくないことが続くなら、即、あなたの中を点検しなさい

あなたが現象の「種」であり、「創造主」であり、「宇宙そのもの」であるということの秘密を知り、内側を自分の望むように、意図する通りに、うまくデザインできるようになったときから、思い通りの人生はすんなり叶うようになります！

しかし、そんな素晴らしい神秘の法則である〝現象化の秘密〟を知らない多くの人たちは、自ら、不平不満やネガティブな感情、暗い気持ち、疑い、恐れなどを心に与えておきながら、「自分に起こることは、いやなことばかりだ」と、ぶつぶつ言っているものです。

「ちっとも、いいことがない！」「起こることは、ろくでもないことばかりだ」などと怒ってばかりいて、そのせいで、不本意なものを、よけいに惹《ひ》き寄せています。

そして、不本意な現実を嘆きつつも、それでもなんとかしたいがために、その原因を探そうとしては、「こうなったのは、あいつのせいだ！」「これが悪い！　このことのせいだ！」と騒いでは、誰かや何かを責め立て、責任を負わせようと、悪あがきしているのです。

しかし、いやな現実や不本意な現実を変えるのに、その原因を誰かや何かになすりつける必要はありません。というのも、そういったことは、すべて〝すでに出てしまった結果〟をさわっているにすぎず、もはや何の効果もないからです。

しかも、それは原因ではないからです。原因はつねに、現象化される前の世界にあります！

蒔《ま》く「種」を変えなければ、咲かせる「花」は変えられません。
肥料を良くしなければ、状態を良くすることはできません。

もし、あなたの現実に「嘆かわしい」「おもしろくない」現象ばかりが起こっていて、どれもこれも〝気に入らない！〟というのなら、内側の世界を〝気に入るもの〟にするしかありません。

現象を惹き寄せているのが自分である限り、自分の内側をさわる以外、それが続くのを止めることはできないのですから。

不本意な現象をピタッと止める方法

あなたの注目しているものは何ですか？
それが運気好転の鍵

不平不満に満ちた、不本意な現実を生きている人には、ひとつの傾向があります。それは、自分の中にある不本意なものに、四六時中注目しているということです。

たとえば、スーパーの店員の愛想が悪い、カットに行った美容院が気に入らない、あの人の口のきき方が許せない、隣の子どもがうるさいだのと。また、給与が少ない、買いたいものも買えない、他人は海外旅行へ行くのに自分はどこにも行けない！　などと考えています。

なにかにつけ、そうやって不平不満にばかり意識を向けていたら、どうなるでしょうか？

そこに注目するたびにエネルギーは注がれるわけですから、さらに不平不満に思うような現象が増えるだけです。

もし、あなたが不本意な現実と、さよならしたいというのなら、自分がさよならしたいものに注目するのを、やめなくてはなりません。

しかし、そのために必死になって「これを不満に思わないようにしよう」「ポジティブな捉え方をしよう」と無理に思ったりする必要はありません。

たんに、そこから意識を外すだけでいいのです♪かんたんなことです。

意識しているものを、意識しなくなるだけで、ある奇跡が起こります！

そう、たちまち、あなたの中からそれが消え、すっかり〝なくなる〟という奇跡です！

そして、そのあとは、いい気分やいい感情でいられるもの、満足できるもの、ワクワクするもの、うれしい想像、幸せな感覚、理想の状態に、自発的に意識を向けるようにすればいいだけです♪

これは、とても大事なことです！　というのも、こういうことが、あなたが再び、不平不満や不本意なものにつながることから、守ってくれるからです。

ちなみに、不満で、不本意な現実の中にいるとき、だからといって、あなたが幸運に見放されているというわけではありません。

現象は、ただ、あなたに、こう伝えたがっていただけです。

「毎日、こんなことばかりで、もういいかげん、いやになりませんか？」
「こんなことでは、自分が可哀そうだと思いませんか？」
「もっと良いもの、楽しいもの、うれしいものにかかわりたいと思いませんか？　そうするだけで、もっといい人生になるよ♪」と。

現象からのメッセージは、すべて宇宙の愛です！　あなたをより幸せにしたいという意図しかありません。

それゆえ、どんな現象も、その意味を受け取るには、自分を救えるように解釈することが何よりも大切です。

切り替えて、乗り換える♪

どんなことを現象化するのかは、あなたの自由☆ 思うままどうぞ

ときに人は、うんざりするほどいやなことが続くまで、楽しく生きたり、幸せになったりすることを、ちゃんと考えないものです。

それゆえ、無意識に自分をいやなことに向かわせて、「こんな現実、もういやだ！」「幸せになりたい！」と魂が叫ぶ瞬間まで、自分を不本意な状態へと追いつめることがあります。

しかし、たった一度のこの人生、そんな遠回りする必要はありません。

ストレートに、最短コースで、楽しく生き、幸せになってもいいのです！

そのためにも、自分がいつもフォーカスしているもの（意識して、注目して、エネ

ルギーを注いでいるもの）を、良いものへと切り替えることが大切です。

うれしいことに、どんなに昨日まで不本意な現実を生きてきたとしても、今日、自分が望むものにフォーカスして、叶えたい理想のテーマに向けて、心をより良く切り替えるだけで、起こる現象はすっかり良くなり、望ましいものになります！

そのとき、あなたは、人生を自動的に乗り換えたことになります！

自分の内側に、本当に望むもの、うれしいもの、楽しいもの、幸せなもの、最善のものを抱えた瞬間、湧き上がる感情も、抱えるエネルギーも、放つ波動も、みごとにチェンジします！

そうなると、目の前に現れる現象も、望み通りのもの、うれしいもの、楽しいこと、幸せなもの、最善のものになり、あなたの生きる世界のすべてが、これまでとはまったく違う、見違えるものになっているものです。

いいことも、そうでないことも、何を現象化するのも、自分次第です！

それゆえ、自分がいつも、どんなことを思い、何に注目し、どういうものにフォーカスしているのかを自覚しておくことです。そうでないと、とんでもないものを無自覚にこの現実で現象化させてしまうことにもなりかねません。

願いを叶える☆シークレット・ルール

まずは心を理想の状態にしてください。のびのびと、楽しんで♪

あなたの内面の世界をうまく創りあげることができれば、どんな願いや夢や目標や理想でも、うれしい形で現象化できることでしょう！

そのために大切なことは、それらを意識するときには、いつもよろこんで注目して、すでに〝叶ったつもり〟で楽しむことです。


そして、もし、それが叶ったなら、〝たぶん自分はこうしているだろう〟という場面や、ふるまい、持ち物、そばにいる人たち、住んでいる家などを、色鮮やかに思い描き、その細部まで見てとってください。

それを自分のハートやマインド、イメージ、フィーリングなど、あらゆる五感を通してながめ、触れ、匂いをかぎ、いい気分にひたってください。

心弾むうれしい感情を通して、その世界を盛り上げ、リアルに味わい、内なるエネルギーを高めるのです！

そして、**日常的に、好きなだけ、何度でも、そこに立ち寄ってください。長居する必要はありません。一瞬でいいのです。しかし、頻繁に訪れてください♪**

すると、やがてそれは現象化し、あなたの目に見える世界の現実となります。

心の中で夢や願いや目標や理想の状態を思い描くときのポイントは、自由に、なんでもありで、子どものように無邪気に、のびのびとやるということです！

いまの自分からすれば、スケールが大きすぎると感じても、それも「よし！」としてください。できるだけ大きな夢を見てください。できるだけ大きな規模にしたてあげてください。できるだけ可能性をひろげてください。

一切、遠慮はいりません。どんなに大きく何かをこしらえても、それは、心という内側の世界の話であり、経費は1円もかかりません。また、誰にも迷惑はかかりません。他人に知られることもないので、バカにされることもありません。安心して、その世界とたわむれ、よろこんで遊んでください♪

決して、「叶えられるとしたら、この程度かな」などと言って、夢を小さめにしたり、制限を設けながら、夢を思い描かないでください。そんなことをすれば、叶うどころか、かえって、いまある自分と現実を萎縮《いしゅく》させてしまいます。

心という内なる世界には、時間も距離も垣根もありません。それに、自由に、制限なく、好きなように夢を見るからおもしろいのであって、そこに現実と同じような何かしらの規制が入り込むとしたら、夢を見る意味がなくなります。

覚えておきたいことは、もし、あなたが夢や願いや思い通りの人生や理想を叶えたいというのなら、まずは、あなた自身が自分の心を、思い通りに、自由に、好きなようにさせなくてはならないということです！

自分が不自由な心の扱いをしておいて、思うような人生にならないと文句を言うのは、おかど違いです。

どうか自分の心に、制限や限界を設けたり、難しい条件づけをしたりしないでください。

ただ、遊び感覚でいてください。心に向き合うときには、何ひとつ難しいことなど必要ないのですから。

もし、あなたが、自由にのびのび、好きなように、内なる世界を創りあげ、「ああ、こんなにも大きなことを考えたりして、笑っちゃうよなぁ、私って♪」と、笑えてしまえたら、しめたもの！

それは、思ったより早く、叶う瞬間を迎えるでしょう！

「笑える」というのは、〝余裕〟ある証拠です。それだけ、柔軟にもなっているということであり、それがミソなのです！

いつでも、あなたが柔らかくなったとき、宇宙があなたの中を通過しやすくなり、良い現象が起こりやすくなるのです！

エネルギー注入のサイン

これを見たら、ぼちぼち準備をしてください

あなたが頻繁に心の世界を訪れ、そこにある「絵」に、良い感情を通してつながるとき、現象化のエネルギーを創っていることになり、それが一定のエネルギーに満ちたとき、外側の世界は自動的に現象化します。

ただし、それが、いつ、どのようにして、そうなるのかと、気にしすぎないでください。というのは、いつどうなるのかは、この時点においてはわからず、人智では知ることができないからです。

ひとついえることは、すべき仕事をあなたがちゃんと完了させてさえいれば、それは必ず現象化するということです。また、それは、あなたの都合ではなく、宇宙の都合で起こるということです。

そして、この時点で覚えておきたい大切なことが、ひとつあります！

それは、あなたが頻繁に心の絵を訪れているとき、ある日、ある瞬間、なぜか、「もういい」と、そこに意識を向けるのをやめたくなるときが来るということです。

そこからもう離れたい、もうおなかいっぱいになったような、満腹感というか、満足感があって、「ごちそうさま」と、お箸《はし》を手放したくなるような、そんな瞬間が来るのです。

ときには、それは、何かが「カチッ」とはまったような、「これでいい」という、物事がひとつ完了したかのような感覚があるものです。

そして、あなたは、自分が望み、思い描いていたことを、いったん、すっかり忘れていたいというようになります。けれどもそれは、いやな感じの離れ方ではなく、気分はおだやかで、爽快で、満ち足りているものです。

そのとき、何気ない日常を過ごしているだけでも、あなたはどこか、なぜかいい予

感に包まれていて、快適です♪

何を隠そう！　それこそが、心の世界の絵に現象化のエネルギーが「注入完了」したサインだということです！

この「完了」のサインがあると、引き続き、なにかしらの出来事があなたの日常にやってきます。それは一見すると、あなたが思い描いていた理想の人生を叶えることとは、なんら関係のないようなことのように見える出来事であったりもします。

そして、やたらと人生に新たな人たちがやってきはじめます。それまで知らなかった誰かと知り合ったり、それまで知らなかった何かを知ったりします。

その流れにおもしろがってついていくと、なぜか、必要な情報がタイミングよくもたらされたり、思わぬ形で出逢いたかった人と出逢え、必要としていた資金の調達ができ、何かと物事が整ってきます。

そして、その流れの先に、奇跡が待っているのです！

そのときに起こることをよく注意して見ていると、ある種の方向性を持っていることもわかります。

その道には、一つひとつつかむべきチャンスがあり、やがて、いくつかの出来事が束になってやって来たかと思うと、あなたの望みが突如、現象化するのです！

その全容が明らかになったとき、あなたは、驚くことになります！

というのも、それはあまりにも不思議なやり方で、パーフェクトなまでの物事の流れと展開を持っているからです。

たったこれだけのことで、魔法がかかる！

祈ることも、願う必要もありません。
すべては、自動的に起こる

あなたの内なる世界にある夢や願いや目標や理想を、もっとスピーディーに現象化する秘訣《ひけつ》がここにあります！

ズバリ、それは、「そうする♪」「そうなるぞ！」と、〝決める〟ことです！

たったこれだけのことで、あなたの人生に魔法がかかります！

そのとき、「そうなりますように!!」「神様、なんとしてもお願いします！」などと、祈る必要も、願う必要もありません。また、紙に書いて声高らかに唱える必要もありません。

というのも**〝決める〟とき、すべての反対意見やエネルギーが、一瞬で消えており、**

叶うのを邪魔するものが、そこには一切ないからです。

邪魔するものがないとき、すべてのものはすんなり叶います！

いつでも、あなたの決意には、確かな情報と強烈なエネルギーが含まれており、一定の方向性を示すベクトルが備えられています。そのエネルギーのベクトルは、いやでもあなたと人生を、その〝決意のある場所や方向〟にひっぱっていくのです！

いったんその決意が、あなた自身の心や体に伝えられるやいなや、あなたの奥深くにある潜在意識の領域を介して、全宇宙にも知れ渡ることになります。

すると、ただちに、あなたの全細胞やまわりの人々や環境があなたの決意したものを叶えるために準備され、整いだし、結果に向かって一斉に動き出すことになります！

たとえば、あなたが本当にちゃんと何かを心で決めたならば、それに対して、気持ちとして、感覚として、動かずにはいられなくなるものです。

郵便はがき

料金受取人払郵便

牛込局承認

5559

差出有効期間
平成31年12月
7日まで
切手はいりません

162-8790

東京都新宿区矢来町114番地
神楽坂高橋ビル5F

株式会社ビジネス社

愛読者係 行

ご住所 〒 TEL: ( ) FAX: ( )		
フリガナ お名前	年齢	性別 男・女
ご職業	メールアドレスまたはFAX メールまたはFAXによる新刊案内をご希望の方は、ご記入下さい。	
お買い上げ日・書店名 年 月 日	市区 町村	書店

ご購読ありがとうございました。今後の出版企画の参考に
致したいと存じますので、ぜひご意見をお聞かせください。

書籍名

お買い求めの動機
1　書店で見て　　2　新聞広告（紙名　　　　　　　　　）
3　書評・新刊紹介（掲載紙名　　　　　　　　　　　　）
4　知人・同僚のすすめ　　5　上司、先生のすすめ　　6　その他

本書の装幀（カバー），デザインなどに関するご感想
1　洒落ていた　　2　めだっていた　　3　タイトルがよい
4　まあまあ　　5　よくない　　6　その他(　　　　　　　　　　　　)

本書の定価についてご意見をお聞かせください
1　高い　　2　安い　　3　手ごろ　　4　その他(　　　　　　　　　　)

本書についてご意見をお聞かせください

どんな出版をご希望ですか（著者、テーマなど）

〝決めたものになる〟という無意識の力が働くことで、あなたは自然に必要な何かを調べたり、準備したり、具体的にやっておきたいことを、自発的にしていくものです。また、何かをそうせずにはいられない衝動に突き動かされ、ワクワクしてきます。

たとえば、もし、あなたが、「いまよりもっとお給与や待遇がよく、自分が活躍できるやり甲斐のある会社に行く！」と決めたとしたなら、インターネットの求人サイトを見たり、求人情報誌を買ったり、誰かにいいコネはないかと探すことでしょう。

もし、あなたが〝ハワイへ行くのが夢〟で、「今年の夏こそ、行くぞ！」と決めて、すでにそのつもりでいたとしたなら、あなたは誰に何を言われずとも、旅行会社に行ってパンフレットをもらい、プランを考え、気分はすっかりハワイでしょう！　おっくうがらず、よろこんで、素敵な水着を買いに行ったりもしているものです。

もし、あなたが「作家になる！」と決めたとしたら、何かを書いてみたいと思うはずですし、そうせずにはいられないものです。

また、自分が書きたいテーマの本をたくさん出している出版社はないものかと調べたくなります。あるいは、めぼしい誰かに対して、「あなたの知り合いに、編集者はいない？　いたら、紹介して」と言わずにはいられないことでしょう。

「そうする♪」「こうなるぞ！」と決めたことが、この現実の世界で現象化するとき、最初それは、あなた自身を突き動かすか、あるいは、意外な誰かを介入させてくるものです。

それは人の内側の衝動からくる出来事（潜在意識の領域でつながっていたこと）で、それゆえ、あなた自身や介入してきた誰かには、一切無理するものがありません。すべては自然で、軽やかで、朝飯前くらいの感覚の中にあるものです。

そうして、あなたが一つひとつ何かをしていくと、あるいは、誰かの介入におもしろがって乗ってみると突然、道がひらけます！

最初の変化は、〝あなたのまったく知らない領域〟で起こります。しかし、やがて、あなたのもとに誰かや何かや必要な情報やチャンスがやって来て、あなたの日常に劇的な変化を与えます。

それは、劇的だけれども、日常よくある何のへんてつもない、ごくごくふつうの顔をしてやってくる出来事ですから、あなたはごくごくふつうにそれに乗っていきます。

すると、そこでいままでになかった新しい何かしらの出来事が生まれ、人生にひとつの流れが生じます。それをただ楽しんで受け入れていると、突然、確信の場面になり、決めたことが現象化するのです！

そのつもりでいればいい♪

それは「あなたの都合」ではなく、「宇宙の都合」で叶うのです

重要なことは、他人がどう思おうと、何を言おうと、あなたが決めたことだけが叶う権利を持っていて、現象化するということです！

反対の意見や、ネガティブな見解が入っただけで、心がもろく崩れるというのなら、何かを〝決めた〟ことにはなりません。

決めるというのは、反対するものを、他を、許可しないということです。反対意見などありえないと、自分の中で納得し、確定しているものだけが、現象化するのです。

しかし、この世の中の多くの人の中には、本当の意味において〝決意する〟という感覚がわからないという方もいます。

そこで、あなたが本当に決意しているのかどうかを、確かめるポイントをお伝えしましょう。

もし、あなたが本当に何かを叶えることや、「こうする♪」「こうなる！」と決意していたとしたら、あなたはすでに心の中でそうなったつもりでいて、安堵しているものです。心は高まってはいるけれども、おだやかで、満たされているものです。

そうなったつもりでいるわけですから、そのつもりで何かを予定し、なにかしらの行動に出ているものです。

それが、本当の意味において、あなたが〝決意している〟場合のポイントです！

このポイントが見えれば、あとは時間の問題です。とはいうものの、そんなに時間はかかりません。ときには、突然、ハワイへ行くという夢がうれしい展開で叶ってしまうことがあります。

多くの人は、どこかに旅行するというとき、自分がお金を貯めて、それから準備をするということが、つねでしょう。

しかし、現象化が起こるとき、そのつもりになってさえいれば、ときには、あなたにお金の準備も、仕事を休む予定も、まだできていないうちから、何かが起こってそうなるものです。

どのような方法でそうなるのかをあらかじめ知ることはできませんが、宇宙は、あなたの望みを叶えるとき、最も手っ取り早く、最も感動的な方法を、勝手にとってくれるものです。そのとき、あなたの都合ではなく、宇宙の都合でそれを引き起こすのですが、そこには驚かされるハッピー現象が満載です。

しかも、「宇宙さん、こんなに早く、突然でなくても、前もって言ってよね」と、言いたくなるくらい、突然、何か「いいこと」がやってくるものです♪

宇宙はいつも、タイミングをわかっていて、いまその現実を引き渡すのが、最もあなたにとって良いことであり、感動的だというときに、それを現象にしてくれます！

それゆえ、突然、誰かが「お願い、ハワイについてきて！　旅費はすべてこっちで持つから」などと言ってきたり、「突然なんだけど、ハワイに飛んでくれないか。なんなら、休暇もそこでとれるように、すべてを手配するから」と、仕事として入ってきたりすることになるのです。

コロッと叶いすぎて、ごめんなさい♪

心で先取りしたら、その後、何もしなくていい!?
宇宙の聖なるルール

ときには、望む何かを決めたあと、それに対して、特に〝何もしなくていい〟という感覚になることがあります。それは、なにも〝なまけている〟〝他人ごとのように無関心でいる〟というのとは違います。

あたかも、すでにそれが叶ってしまったかのような、平和で落ち着いた感覚に包まれるという感じです。

心で何かを決め、そのつもりでいるとき、自分が何もしなかったとしても、必要なら全体がそれを起こさせ、現象化するからです！

実際、現象化するとき、すべてを自力でやる必要はなかったりします。宇宙から、ありがたいサポートがどんどん送られてくるからです。

それにまつわる、最近起こったエピソードを、ここでご紹介しましょう。

実は、今年2月、私の会いたかった俳優さんに、突然、会えることとなりました♪

その俳優さんには昔から憧れていましたが、うちの息子は私よりもっと彼の大ファンでした。親子でその俳優さんに会いたいと思っていたのです。

しかし、彼は人気の超大物俳優！　しかも、私にも息子にも彼とのツテは一切なく、好意を抱いたところでお近づきになれる術など、まったくありませんでした。

けれども、そんなことはなんのその♪

私も息子も〝先に望む状態になってしまえば叶う〟という現象化の秘密を知っていましたので、それぞれに〝彼に会ったつもり〟のイメージをしていました。

息子は、彼に会ったら「サインと握手をねだる」と決めていたようです。私はどうせなら息子が大ファンであることを彼に伝え、自分もあれこれ話せる時間を持ちたい！　なんなら我が家の家宝にすべく、ツーショットの記念写真もパチリ♪と撮りたいと、好き放題のことを心の中で描いていたのです。

そうして、彼に会ったら話すセリフまで決めていて、心の中ではすでに何度も彼と会話をしていました。そのたびにうれし涙がじわっとあふれ……

まったく、なんとおめでたいことでしょう。

私と息子は、互いに心の中で、憧れの彼に「会える♪」「きっとそうなる！」と信じていました。根拠はありませんが、なぜかいつかそうなる気がしていました。けれども、そのために、自ら何かアクションを起こしたいとは思いませんでした。

むしろ、なぜか、〝何もしなくていい〟という感じがしており、それゆえ、望みはあるものの、それに対してなにも具体的な動きをしませんでした。

そんなある日、私は仕事で関西に長期出張することになりました。

それはあまりにも長期間だったので、途中、息子とも関西で合流することにしていたのです。息子には、出張先で少し手伝ってほしいこともあったからです。それゆえ、息子に何日間か関西に滞在するようにとお願いしていたのです。

そんな中、私が関西で行うはずだったある仕事（個人セッション）が、突然、キャンセルになったのです。それも三件、続く時間枠で、ゴソッと。

すぐに「キャンセル待ち」の人に連絡して、予約の空いたところを埋めようかとも思いましたが、なぜか心は「このままでいい」と言うのでした。それゆえ、私は、その時間を空けたままにして、「それならば」と、急遽、妹を神戸から呼び出し、息子と、三人でランチすることにしたのです。

そうして、まずはいったんほっとするために三人で喫茶店に入りました。そしてコーヒーを飲んでいると、突然、携帯が鳴ったのです。出てみると、俳優である甥っ子からでした。それはとても久しぶりの連絡でした。

突然、何だろう？　と思いつつ、電話に出てみると、甥っ子はこう言ったのです。

「元気!?　久しぶり！　実は3月初旬に東京で舞台があるんだけど、よかったら観に来ない?」と。
しかし、そのとき私は関西での仕事を長期にわたってたくさん入れており、3月下旬まではどうしても東京に帰れませんでした。それで、「東京の芝居には、行けないよ。だって、いま関西にいて……」と事情を伝えたのです。

すると、甥っ子は、「えっ!? いま関西にいるの!?」「そうよ」「じゃあ、今日の舞台に来ない?」「えっ!? 今日?」「そう! 実は、関西でも連日舞台があるんだけど、関西の舞台は、今日と明日で終わりなんだ。関係者招待席があるから、よかったら来て♪」と。

そうして、そんな流れで、突然、芝居に行くことに! もちろん、息子と妹も一緒に♪しかも、それはその日のお昼の舞台。私たちはすぐに喫茶店を出て、大阪の会場へと向かったのです。

行ってみると、なんと、あの会いたかった憧れの俳優さんが、舞台の主役ではありませんか!!

これには、私も息子も妹もとっても驚いたものです。しかも、甥っ子には、私と息子がその俳優さんのファンであることを、いままで一度も話したことがありませんでした。それに、甥っ子はその俳優さんとの舞台のことを、それまで私に言ってくれてはいませんでした。

芝居が終わって、甥っ子に呼ばれて楽屋に行くと、甥っ子はその俳優さんに私たちのことを紹介してくれたのです！　そして、そこで、心の中にあった、何もかもすべてが叶ったのです！

心の中ですでに何度もしていた会話のセリフをそっくりそのまま話すことになり、念願のツーショット写真もパチリ♪息子も、念願の握手とサインをしてもらえ、大満足のようでした。

現実には、想像の中より、その俳優さんはもっとあたたかく優しく親切で、面白いジョークをいい、笑顔でいつまでも話をしてくれ、本当に素晴らしく幸せな時間をプレゼントしてくれました。

ちなみに、彼の出ていた舞台には、「奇跡のバックステージ」というキーワードがありました。

「目に見えるものを支えている、目に見えない世界をごらんいただきましょう」というようなセリフが舞台から放たれたときには、私は本当にびっくりしました。

しかも、ある登場人物を、死んでもなお愛する守護霊が「はつえ」という名前の女性であったことには驚きを隠せませんでした。というのも、その何日か前に、いまは亡き母「はつえ」のお墓参りに行って、「いつも守ってくれてありがとう」と、その背後の愛と守護に感謝してきたところだったからです。

しかも、しかも、ちょうどこの本の原稿を執筆していたときでした！

バックステージとは、舞台をつくる裏側のしかけであり、それこそが表舞台を創っている大元でした。まさに、それは、現象化の背後にある〝目には見えない世界〟の存在のことでした！

それにしても、なぜ、あのタイミングで甥っ子は私に電話をくれたのでしょうか？

それをあとで聞いてみると、彼はこう言っていました。
「なぜか、ふと、なみちゃんの顔が浮かんで、〝いま電話しなきゃ〟と、突然そう思ったんだよ。あんなこと、僕にとってもめずらしいことだけどね。だって、なみちゃんは電話してもつかまらない相手だから、いつもの僕なら、もっと早くに連絡しているはずだから。それがあのタイミングでの電話なんて、自分でも不思議だよ」と。

その件で、よろこんでいると、もうひとつ奇跡が起こりました！
次のページで!!

うれしい連鎖反応を歓迎する♪

いつでも〝その気〟でいるだけで、物事は意外な形で叶いだす

何かが起こる前から、あたかも〝そうなったつもり〟でいるだけで、現象化の魔法が働くというのは、とても魅力的なことです。そして、その効果的なやり方に酔いしれた私は、またもや新たな望みを持ったのです。

それは、一度でいいから、何かの分野で「日本一」と呼ばれるすごい方と、一緒になにかを共演したいという夢でした。それは、できれば、国民的ヒーローのような存在の方で、サッカー選手ならなお素敵♪と。

スポーツ選手の中でも、サッカー選手に私はとても思い入れがありました。というのも、あるパーティーで偶然サッカー選手に会ったとき、その方がそばに来て、「僕、

なみさんの本を読んで、イメージビジョンのつくり方をマスターして、試合のときに実践していたんですよ。なみさんの本に、ポジティブシンキングに、救われました！」と、感動的なお言葉をいただいたことがあったからです。

それ以来、サッカー選手に興味がわき、心の持ち方とか、成功の秘訣を聞いてみたいとずっと思っていました。

しかし、何かの分野で日本一と呼ばれる方で、かつ、サッカー選手だと嬉しいと夢見たとしても、私はまたそれについても何のツテもなく、自らはアクションを起こしませんでした。

「何もしなくていい♪」という感覚があり、何の根拠もないけれど、〝そのうち、そうなる♪〟という、おだやかさと安堵感があったからです。

そして、それはある日突然、叶ったのです!!

きっかけは、関西に出張中に、ある大物起業家から私に電話がかかってきたことでした。

「もしもし、なみさん、急な依頼で悪いんだけど、もし時間の都合がつくなら、私が主催するイベントにゲスト出演して、スピーチしてくれない？」と。

告げられたその日は、私が関西滞在中の、ちょうど仕事が何も入っていない日でした。それゆえ、「いいですよ♪お安い御用です」と、すぐに返事をしたのです。

そうして、当日の午前中に「打ち合わせ」をするということで、関係者だけのランチ会の打ち合わせのレストランに行ってみると、なんと私の尊敬する有名なサッカー日本代表の選手がいるではありませんか!! しかも、席は同じテーブルの私の目の前！

そんなありえない流れで、突然、うれしい共演が叶ったのです！

心の中で生み出した世界に「そうなったつもり」でいるときから、現象化は「約束」されているものです！

とにかく、その気になって、叶ったも同然というように気楽にして、勝手によろこんでいるほど、かんたんに、楽に、ジョークのように、あっけなく、現象化するから、不思議でもあり、魅力的です！

また、心の中で、「ありがとうございます。叶ってうれしいです」と、まだ何も起こっていないうちから、先に感謝を述べることで、現象化が加速するから、おもしろいものです。

ちなみに、叶ったとき、その現象は、あなたにこう伝えているものです。
「おめでとう！　心の使い方（心で叶えたい世界を創ること）が、もうパーフェクトだね」と♪

Chapter 3

あらゆる神秘のベールをはがす

オートマチックに運命調整する☆
宇宙のシークレット・ルール

すべてのことは、つながっている

現象は時間配分され、あなたの前に正しく起こるもの

あなたの目の前に起こる現象は、いま目の前にある、たったひとつの場面として、単体で、独立して、そこにあるのではありません。

なんのへんてつもない、たったひとつの出来事や場面に見えたとしても、その背後の広い範囲で、すべてのことはつながっていて、関係する人々や出来事、それに続く別の現象や物語を、しっかり支えているのです。

一つひとつの場面に使われる時間の長さは、一瞬のもの、短いもの、長いもの、年月がかかるものと、いろいろあります。が、そのすべてはあなたの今世という「人生の物語」の〝舞台セッティング〟を担っていて、しっかり時間調整されています。

その時間調整には寸分の狂いもありません。あなたが出逢うことになる誰かのあとにまた別の誰かが登場することも、何かのあとにまた別の何かが起こることも、すべて正しい順序になるよう、緻密《ちみつ》に計算され、宇宙に仕組まれています。

それゆえ、**なにひとつ、ズレて現れる現象はありません。間違って現れるものもありません。他人に起きるべきものが、何らかのミスによって自分に起きるということもありません。**

もし、あなたの生き方の中で、宇宙から見たときに「ああ、あの場面のための時間が狂った」というようなことがあるとすれば、宇宙は、あとに支障が出ないよう、すぐさまその分の時間調整にとりかかります。

その時間調整は、慈愛に満ちた宇宙のとりはからいによって、ごく自然に、ありふれた日常のささいなことの中に、すべて組み込まれており、すんなり処理されます。

ですから、その時間調整をいちいちあなた自らがする必要もないし、その方法を知らなくてもいいのです。また、いつそれが行われるのかを気にする必要もありません。

それは、ただ起こり、自然に、正されるだけです！

しかし、いったい、それはどのようにして調整され、正されていくのでしょうか？
その興味深く、神秘的、かつ、リアルな、宇宙のやり方を次の項で見てみましょう！

宇宙は時間調整をする

"忘れものを取りに帰る"ことでさえ、あとに続く大切なシーンの一部

あなたが行くべき場所に、スムーズに行けるように、また、あなたのすべてがしっかり守護され、最善最良、最高最勝の人生を生きられるように、宇宙は、日夜、愛と慈悲をたずさえて、あなたの人生を微調整しつつ、幸運化しています。

ここでは、その宇宙が起こす「時間調整」についてお伝えしましょう！
それは、あなたの日常で起こっています。

たとえば、あなたは誰かとの約束で、どこかに出かけるのだとします。そのために、メイクをして、洋服を着替え、その準備をするわけです。

そのとき、したくの何かが早くできたり、あるいは、時間がかかりすぎたり、さま

ざまな経過をたどり、ようやく出かけられるという段になって、あなたは玄関のドアをあけます。

ところが、鍵をかけようとしたとき、鍵がありません。

「あれっ？　さっき、確かに、バッグの中に入れたのに」と、ごそごそ探します。が、いっこうに見当たりません……。

「部屋に忘れてきたかな？」と、もう一度靴を脱いで部屋に上がります。しかし、玄関の靴箱の上にも、鏡の前にも、キッチンのテーブルにも鍵はありません。出かける前には、確かにあって、一度それを手にして、ちゃんとバッグに入れたのに、です！

鍵がどこにいったのかわからず、あなたは改めて家を出るまでの自分の行動のすべてを回想することにしました。

ああして、こうして、そのあと、あそこを通って……やはり、そのときに、バッグに入れたはずだ！

そうして、その確信のもと、再びバッグの中を探ると、なんと‼　なぜか鍵はそこにあるではありませんか！

「えっ!?　嘘!?　いやだ、やっぱり、最初からバッグの中にあったのね！」

と、少しあきれながらも、急いで鍵をかけます。けれども、心の中ではこうもつぶやいているものです。

「それにしても、不思議ねぇ。最初にバッグの中を探したときは、まったく見つからなかったのに」

それも当然でしょう。なにせ、玄関の前で必死で探してもなかった鍵が、その同じバッグの中から、今度は、すんなり出てくるわけですから。

しかし、そんなことより、もう約束の時間です。「もう、行かなきゃ」と思い、友人には「ごめん！　5分くらい遅れそう！」と電話を入れました。

あわてているので、いつもと違う道を通り近道することにしました。急ぎ足で歩いていると、偶然、最近気になっていた人物にばったり道で遭遇！

けれども、急がなくてはなりません。それゆえ、かんたんなひとこと、ふたことの会話をして、「急いでいるから、今度、ゆっくり会おうよ！　また連絡するから♪」と、そこで別れます。

そうして、通りをどんどん過ぎていくと、いつもタクシーをひろっていた交差点では、なにやら軽い事故があったようで、道が閉鎖されていました。

それを見てあなたは思うのです。「ああ、今日は遅れて、こっちの道を通ってよかった。あのまま、あそこに向かっていたら、巻き添えをくって、危なかったかもしれないわ」。

なんだかんだで5分遅れて約束の場所に着いてみると、なんと、相手も5分遅れていて、「ちょうど、よかった♪私もいま着いたところなの」と。おかげでことなきをえて、笑顔でそのあとの時間を楽しむことに……。

楽しんだ帰りは、なぜかいつも混んでいるはずのスーパーのレジがすいていて、すんなり買い物がすみました。重い紙袋を持ってスーパーを出るとたまたまタクシーがそこにいました。ラッキー！

そして後日、あの近道したことでバッタリ出逢った知人と再会することに。なんという用はないけれど、「久しぶりに会って話したい♪」という理由だけで会ったのに、そこで、いい話が飛び込んできて、思わぬビジネスチャンスをつかむことに！

それは、前々から自分がやってみたいと思っていたことで、お金もいただけるとあって、家計の足しにもなり、万々歳でした。

そして、あなたはこうつぶやくのです。

「あの日、鍵をなくしたせいで遅れて家を出たけれど、おかげで、事故からまぬがれるわ、別の道であの人に逢えるわ、後日素敵なことが叶うわで、なんという幸運の流れ！　ああ、よかった♪」

けれども、物語はここで終わらず、さらなる幸運の流れがつくられています！

あなたは、鍵が見つからなかったことを、自分がボーッとしていたからだとか、バッグをよく探さなかったからだと思っているかもしれません。しかし、それだけのことではありません。

あの現象は、まさに、時間調整のためのもので、宇宙が必然的にやったことです！

ちなみに、その日の時間調整は、あなたにのみ行われたのではありません。宇宙は、あなたに関係する人たちすべての時間も、同時に調整していたのです！

そう、結局、同じように5分遅れてきた友人の時間も、近道して出逢った人物の時間も、タクシーやレジの待ち時間までも！

このように、現象は、日常の何気ないことの中にも、あなたをパーフェクトに守り、行くべきところに行かせてくれる愛ある配慮を欠かさずにしてくれているのです。

神隠しの秘密☆「失せる」「現れる」

あなたが不思議に思うことは、たいがい、宇宙の愛のマジック♪

何かが「失せる」「現れる」という現象は、宇宙の〝神隠し的現象〟です。しかも、不思議なことに、失せたものが現れるとき、なぜか、最初に探していた場所で、ひょっこり見つかるものです。

どうぞ、思い起こしてみてください。あなたは、日常で、いろんなものを「ない！ない！」と、よく探しまわっていませんか？　そして「あった♪」と言っては、その出どころを不思議に思ったことはありませんか？

そのとき、あなたは、それが「失くなった」と思いますよね？

しかし、本当は、そうではありません。

一瞬、隠されていたのです！　宇宙が、あなたの目に見えないところに置いたのです！　あなたが探す間に、時間を調整したいことがあったというわけです。

そうして、その時間調整がすんだときに、ポンッと見える世界に戻し、あなたに見つけさせるのです。

忘れてはならないのは、あなたと宇宙は、いつもつながりながら存在しているということです。それゆえ、宇宙はあなたから目を離しません。

たとえば、あなたが、どこかで何かをし過ぎて時間を使い過ぎたり、早くすませ過ぎて早く次の場面に行きそうになるとき。

そのことがそのあとに続く他の場面や出来事に影響する場合、そうならないよう、宇宙は時間調整し、運命調整するのです！　より良い変化を生み出せるよう、あなたと、あなたに関連する人の時間のすべてを、うまく精密にリンクさせながら、寸分の狂いもなく調整します！

そのとき、宇宙は時間調整に、あなたの日常を使うしかなく、使われたとき、不思議なことが起こるのです！

うっかり、忘れる

この「時間停止」で、完全なる舞台セッティングを宇宙は行う

ときには、宇宙は、品物でなく、あなたの「記憶」を一時的に失せさせることがあります。それもまた、誰の日常にもよくあることで、「度忘れ」「うっかり忘れていた」「なかなか思い出せない」という現象として起きているものです。

その現象の意味は、「時間停止」であり、宇宙があなたの幸せな人生の具現化のために、完全なる舞台セッティングをするために、必要なものです。

たとえば、あなたは、さっきまでキッチンにいましたが、何かを「あっ、そうそう」と思いつき、居間に行きました。ところが、居間に入ったとたん、部屋のまんなかまで来て、ぼーっと立ち尽くし、一瞬かたまってしまいます。

「あれ、何でこの部屋に来たんだっけ？」と。
それをなぜかすぐに思い出せず、そのままつっ立ったままに……。

用を忘れたあなたは、もう一度、キッチンに戻り、椅子に座る……すると、そのとたん、「そうだ、あれを取りに行ったんだ」と、その部屋に行った理由を思い出したりします。

また、あなたは電話しようと携帯を手にしました。が、一瞬、関係のないことが頭をよぎり、それに意識をとられたことで、何をしようとしていたのかを忘れてしまいます。
「あれ、なんで、携帯を手にしたんだっけ？　誰にかけようと思ったのかしら？」と、自分が携帯電話を握り締めている理由がわからなくなるのです。

そして、「まぁ、いいか」と、仕方なしに、さっきまでしていたことに戻ったとたん、「あっ、そうそう、あの人に電話するんだったわ」と、突然、思い出すのです。

思い出したタイミングで電話をかけてみると、いつもなら、なかなかつかまらない相手が、すんなり電話に出てきて、「ちょうどよかった。私もあなたにいま電話しようと携帯を握り締めたところよ」などということがあるものです。

ときには、こんなこともあります。

疲れたから、ひと息入れようと、紅茶を入れ、ソファに座り、くつろいでいると、いつのまにかボーッとして、心も頭も〝空白の状態〟に。

そうして、どのくらいの時間が経ったのか、突然、ハッと我に返ることがあるものです。その〝空白の時間〟は、たいがい、ほんの数秒から数十秒程度。

そのとき、完全に、意識がとんでしまって、まるで、自分がその場にも、どこにも、いなかったような錯覚に陥るものです。

「あれ、私、ボーッとして、どこかに行っていたのかしら」などと。

その〝空白〟は、故意につくれるものではなく、本当に知らない間に、一瞬、そうなってしまうものです。そして、ふと、目覚めたかのように、「いま、ここに、戻される」のです。

それらの「うっかり、忘れる」「ど忘れする」「思い出せない」「記憶のない時間」は、すべて宇宙があなたの動きを瞬間的に、「時間停止」させ、「空白の時間」を生み出し、次への時間調整と完全なる舞台セッティングを行う場面のひとつです！

ときには、その場面は、疲れすぎているあなたを一瞬、宇宙が抱き寄せ、包み込み、守っていることもあります。宇宙はあなたを無言で抱き寄せ、短時間で必要なエネルギーを補給しているのです。

そのあと、あなたは、またふつうに日常に戻るわけですが、その現象が起きたとき、どことなく、神秘的な感じがして、神がかり的に思えるのは、それはまさに、宇宙からの聖なるサポートをあなたが感じ取ったからです！

停滞やキャンセルは、そのままにせよ

無理にそれをいじって成立させないでください！　その重要な理由

「停滞」や「キャンセル」もまた、あなたの人生をより良いものにするために、宇宙が起こす必要な現象のひとつです。

ちなみに、**そもそも「停滞」や「キャンセル」は、そのことに対して、あなたの心の中に、ひっかかるものや、躊躇《ちゅうちょ》するもの、迷うもの、納得していないものがあったということを、象徴しているものでもあります。**

どのみちあなたも、気がすすまなかったところがあったということです。無意識の領域で。

そして、ここでお伝えしておきたい肝心なことは、もし、あなたの何かしらの場面に、停滞やキャンセルがあるとしたら、どうか、そのことをいったん素直に受け入れ、状況を見守ってください、ということです。

自分の側にも成立を望み切れない何かがあり、宇宙もそれは〝手にしなくていい〟と言っているということだからです。

それゆえ、決して、「それを楽しみにしていたのに！」「約束したではありませんか！」「予定通りにやってください！」「どうしてくれるつもりですか！」「キャンセルなんてありえません！」「ちゃんと、それを叶えてください！」などと言って、くってかかったりしないでください。誰かや何かを必要以上に責めたり、故意に状況を操作しようとしたりして、悪あがきしないでください。

そして、どうか、それを悪いようにとらないでください。また、損したとは思わないでください。悲しいとか、辛いとか、ツイてなかったとか、運がないとか、そんなふうに思う必要もありません。実際、そういうことではないからです！

あなたのためにならないものでない限り、宇宙は何もあなたのものを故意に遅らせたり、滞らせたり、止めたり、キャンセルしたりしないからです！

停滞しているのは、そこでいったん止まるべき何か必要なことが、あなたの知らないところで起きているからです。

何かがキャンセルになるのだとしたら、そもそもそれが成り立つ要素や、エネルギーがそこに充分にないか、あなたに〝必要のないこと〟だからです。

しかも、宇宙は、ただ無意味に何かを遅らせたり、滞らせたりはしないもので、何かが停滞したりキャンセルになるというときは、そのあとにもっと良いものを用意してくれています！

それらが、成立しなかったおかげで、それ以上の価値あるものを、あなたにかんた

んに引き渡せるのです♪

たとえば、会社の面接に行って、何社受けても落ちてばかりいるというときでも、悲壮になったり、嘆いたり、落ち込んだりするのではなく、「ああ、ここには行かなくていいんだ」と受け取り、すすんで、明るく、次のステップを踏んでください。

すると、次には、それまで受けた会社では絶対になかった好待遇や、出逢えなかったいい人や、申し分のない給与や、活躍できる舞台が、みごとな形で、あなたに与えられることになります!

そうして、あなたはこう思うのです。「ああ、それまでの会社なんか面接で落ちてよかった。こんなにもいいところが、こうしてあとから見つかったのだから♪」と。

キャンセルになったものに対して、いくら自分の思い入れが強かったとしても、もうキャンセルになったのなら、そのときは、そこで、一度あっさり手を引いてください。

ごねて、無理やりなんとかしようとするのは、〝やっかいな人〟になってしまうだけで、おまけにそのあとの自分の運気も乱すだけだからです。

キャンセルになったそのことは、いま、この時点では、成立しなかったけれども、もしかしたら、時期を変え、人を変え、やり方を変えたら、いつか成立する可能性もあるかもしれません。あるいは、そこではキャンセルだけれど、まったく別の形で、よそでそれを成立させられるかもしれません。

そういった明るい展望を持とうとせず、ぐじぐじ言って、ネガティブになって、なにかを無理にいじり、キャンセルになったものを強引に成立させようとすると、たとえ、それがあなたのごり押しによって、どうにか成立したとしても、どこかいびつで、納得いかないものとなるだけです。

また、そうやって、無理やり成り立たせたものは、あなたの二度手間になるか、なにかしら手を煩わされることになるか、頭を悩まされることになるか、多くの問題を含んでおり、再びキャンセルに転じたりして、ろくなことになりません。

そのとき、「やはり、これは、あのままキャンセルにしておけばよかった」と、後悔するものです。

本来、成り立つべきものは、一時的に遅れようが、いったんキャンセルになろうが、どこかで何かが、うまく変化して、あなたのもとにやって来るものです。

現象を見ながら、素直にそれを受け止めながら淡々と進むことで、むしろ、すべては守られ、あなたのためになるのです！

うまくいかないことや、いやなことが続くとき

いつからそうなっていますか？ 時期を振り返れば、原因がわかる

あなたの人生に、うまくいかないことや、いやなことが続くというのなら、見ていきたいことがあります。それは、そのいやなことたちは、「いつから起きているのか」ということです。

その時期を振り返ってみてほしいのです！

すると、その、うまくいかなくなった時期や、いやなことが起こりはじめた時期の周辺で、なにかしらのあなたの心理的な変化や、環境の変化、行動の変化など、それが起こり出した〝きっかけ〟が必ずあるものです。

たとえば、半年前に失恋してから、悲しく暗い気持ちになってしまい、自信を失い、何もかもうまくいかなくなったということもあります。

昨年、会社を変わってから、いやな人間関係に悩まされ、毎日苦痛を感じていて、そこから体調も悪くなり、いやなことだらけになったということもあります。

あるいは、「あの家に引っ越ししてから、ろくなことがない」という、そんな凶方位引っ越しの影響を受けていることもあります。

とにかく、うまくいかないことや、いやなことが続くというとき、それは突然、理由もなく起こるのではなく、なにかしら、きっかけが発生していて、そうなっているということです。

そのきっかけの大半は、あなたの心的態度や、行動や、身を置く環境や、人間関係などの変化が影響が大きく、そのどこかに何らかの動きがあるものです。思いあたるふしはありませんか?

そうして、そこにみつけた「あのときからだ」と感じる場面の周辺に転がっている、うまくいかないことや、いやなことの〝きっかけ〟について、自分では「きっと、このことだ」というものがわかったら、それらを可能な限り改善してください。

たとえば、自分の気持ちを切り替え、波動を変える。物の見方や行いを変える。人との付き合い方を変える。いっそ、つきあう人そのものをガラッと変える。誰かに必要な何かをうまく伝えてみる。会社や遊ぶところや住むところを変えてみる……などして。

たいがい、うまくいかないことや、いやなことが続くときには、心の中に、ネガティブなものや否定的なものが蔓延《まんえん》していて、エネルギーがダウンして、波動が落ちているものです。

破壊的な考えや無価値観がないかどうかも、チェックしてください。

そうして、もし、そこで、思い当たる心的原因や態度や行動があれば、それらを現状の望みを叶えるにふさわしい形にしてみてください。そういったものたちを自分の中から追い出し、かわりにポジティブなものや創造的なものを置いてください。

自分を変えるというような、たいそうなことではなく、ただ、新しい思考や行動を持つだけでいいのです。それがなかなかできないというのなら、たんに、なにか楽しいことやうれしいことにかかわり、よろこびのエネルギーを仕入れてください。
するとあなたのエネルギーがより良く変わり、波動が上がり、現象もすぐに良いものに変わります！

あなたに起こる現象は、ほとんど心の世界、エネルギーの領域で起きていることとリンクしています。それゆえ、何かがうまくいかないとき、いやなことが続くときには、ただ〝心の状態を良いものにする〟だけでいいのです。そうすれば、いやな現象は、スルスルッと消えていきます。

ちなみに、うまくいかないことや、いやなことが続くとき、それが2回続いたら「あっ！」と気づいて、心の中を改善し、それ以上、起こらないよう、エネルギーをすぐに切り替えてください。
3回続くと、それはもう、うまくいかないことやいやなことが起こり続ける流れを持つことになってしまうからです。

持ちたくない流れと、自分を同調させてはいけません。

うまくいき、いいことが起こる流れにするためにも、うまくいかないことやいやなことは、小さなうちに「あっ」と気づき、大きくさせない、流れを持たせない！　ということが、何より大切です！

いいことが起こったら、そのままGO!

良い流れを続かせるために、していいこと・してはいけないこと

あなたの人生に、いいことや、うれしいこと、楽しいこと、よろこばしいこと、幸せなことが起こったら、その規模が、ささいなものであれ、大きなものであれ、事の大小にかかわらず、その現象を大いに歓迎し、称え、よろこんでください。

宇宙は、その現象を通して、「もっと、これをほしいですか?」とあなたに尋《たず》ね、「よろこんで、幸せな人生をこのままずっと生きてもいいのですよ♪」と言っており、あなたのために次の良いことを準備したいとしています。

さて、「いいこと」が起こったとき、決して、「こんな小さなことくらいでよろこんでいるなんて、バカみたい」とケチをつけるのは、やめましょう。というのも、小さ

なことをよろこべない人に、大きないいことなど、やってこないからです。

それはまるで、「100万円くれたら、〝ありがとう！〟とよろこんでお礼を言うけど、1000円だったら、お礼も言いたくない」と、不満を言っているのと同じです。与えられたものの規模の大きい小さいで、態度をコロッと変えないでください。

それは、また、すごい人にはぺこぺこするけど、バカにしている人には、おおへいな態度を取るのと似ています。そういう心的態度も宇宙は見ていて、みあったものを届けてくるものです。

「貧しい人は、奪われる」「豊かな人は、さらに与えられる」ということです！

とにかく、与えられたものに、ケチをつけたり、文句を言ったり、バカにしたりしないことです。

どんなにささいなものであれ、大きくよろこび、歓迎すれば、宇宙はいくらでもそれを倍加し、あなたに良いものを与えてくれます！

いいことや、うれしいこと、楽しいこと、よろこばしいこと、幸せなことを歓迎しつつ、「私は、ずっと幸せでいい♪」という大前提のもと、生きてください。すると、幸せな現象は人生に起こりっぱなしになります！

それなのに、この世の中には、「いいことがあると、帳尻あわせにいやなことがあるかもしれない」「あまりいいことが続くと、怖いよね」「自分によろこばしいことや、幸せなことがたくさんあると、ねたまれ、足をひっぱられるから、ほどほどでいい」などと言って、せっかくやってきている良いものを、どこかでセーブしようとする人が多くいるものです。

しかし、そんなことをすると、せっかくの良いことがパタリとやんでしまいます。

もし、いま、いいことや、うれしいこと、楽しいこと、よろこばしいこと、幸せなことが、いま、あなたのもとに、なんだかたくさんやってきているというのなら、その流れを故意に止めないでください！　良いことがやってくるのを躊躇したり、恐れたりしないでください。

人は、自分が、いいことや、うれしいこと、楽しいこと、よろこばしいこと、幸せなことがあると、満たされるから、生きるのが楽しいから、それを得ようとするだけなのですから。

大いに、それらを自分に与えてあげていいのです！

そのとき、「はい！　そういうふうに生きていきます♪」と宇宙に宣言することで、おもしろいほど良い現象があなたの人生になだれ込みます！

心をもっと自由に、好きにさせる♪

すべては意のまま！
どんなことも、よろこんで思い描けばいい

この人生を自由に、好きなように、望むままに、思い通りに、理想の人生にしたいというのなら、まずは、あなた自身の心を自由に、好きなように、望むままに、思い通りにすることです！

それでこそ、宇宙は、その通りのものを現象化できます。

自分がなにかと制限と限界だらけの狭い了見でいて、否定的で破壊的な考えをしておいて、人生をもっと自由に好きに思い通りにしたい♪というのは、おかど違いというものです。

この人生は、あなたの意のままになるだけです！

わかっておきたいことは、この人生を、自由に、好きなように、楽しいものに、幸せなものにと、望む状態に叶えてきた人たちは、みんな最初に、自分の心を自由にする術を身につけた人たちだということです。

あなたの望むものがどんなに立派なもので、大きなもので、はたから見れば一見、「そんなこと無理だろう」というようなものであったとしても、あなたが心の中でそれを意図し、そうすると決意し、よろこんで思い描けたなら、それは現象化するのです。

もし、あなたの人生で、叶えたいことや夢や願いや目標が、いつまで経っても叶わないというのなら、その現象は、きっと、あなたにこう語っているのでしょう。
「もっと心を自由に、好きにさせなさい。制限と限界があなたをその場に留めているのですよ。それらから離れなさい」と。

望む状態を現象として起こしたいなら、「私は、すでに望む状態になっています！そのことに感謝します！」と言えるくらい、自分の意識とイメージを引き上げることです。

あなたの意識とビジョンが引き上げられ、あなたがその世界観に「ＹＥＳ」と言い、それについていくとき、あなたの現実のステージはとたんに引き上げられ、叶えたいことが叶った理想の人生へと自動的に移行しているものです。

Chapter

4

宇宙は現象を通して あなたに語る

どんなことにも意味がある！
そして、次の場面へつながっている

心を通して注目せよ

宇宙は、どんなときも、
あなたのためになりたいと寄り添っている

いつでも宇宙は、現象を通して、あなたに何かを語りかけてきます。

そのメッセージや意味に気づきたいときには、「これは、どういうこと？」と、自分の内面に問う習慣を持つだけでいいのです。

すると、あなたの中で、何かしらつぶやかれる言葉や、見えてくるもの、役立つ考えやヒント、ハッとする気づきや目覚めがあるでしょう！

そのとき、**決して、敏感になろうとする必要はありません。ただ、〝素直に感じる〟だけでいいのです。そうすれば、そこにある場面や現象の語るすべてがわかる人になります！**

そして、それらがやってきたとき、たいがい、あなたはそれを無視することはできません。というのも、そこには、そのとき知るべき、たくさんの尊い〝真実〟が含まれており、あなた自身、そのことを感覚的に察知するからです！

その真実は、「あっ、そうか！」「そういうことか！」「なるほど」「やはり」という、腑《ふ》に落ちるもので、一瞬にしてあなたを正し、そこに、何かしらのくだらないごまかしや嘘を持つことをできなくさせます。

それによって、あなたは素直になれ、ピュアになれ、とたんに目覚めます！

そのとき、現象は、そこから、何にどう対処すべきなのか、次にどこをどう進めばいいのか、その方法についても自然にわからせてくれ、楽に目的地にたどり着けるよう導いてくれるものです。

また、もし、不本意なことがそこにあるとすれば、そこからうまく抜け出すきっかけを持たせてもくれます。また、もし、何か望む状況があったとしたら、そこからさらに素敵な状況をつくれるよう、サポートしてくれます。

しかし、ときに、あなたが鈍《にぶ》くて、なかなかその現象の意味に気づいたり理解したりできないというときには、宇宙は、他の誰かを登場させたり、別の出来事を通して、あなたにそれに強く注目するよう促すことがあります！

その登場人物は、あなたがその時点で気づくべきことを気づけるよう、あなたに何かしらの〝特定の言葉〟を繰り返し言ったりするものです。

あるいは、あなたのまわりにその役目をする適切な人がいない場合は、宇宙は、テレビやラジオや街角のポスターや、喫茶店やレストランでの隣の人の会話などを通して、あなたに必要なキーワードを聞かせます。

ときには、何か注目せずにはいられないことを起こしたりもします。そのとき、その現象は意味ありげに強調されてやってくるので、あなたにはその意味がいやでもわかります。

そうやって、宇宙は、あなたのハートへ気づきをどんどん促し、それを拡大させ、遂には、その知るべきことをあなたにしっかり知らせ、正しく理解させ、より良くなるほうへとあなたを導くのです！

さて、日常にどのような現象が満ちているのであれ、そして、その意味を知っているのであれ・知らないのであれ、あなたは今日も日常の中にある、さまざまな現実を生きていかなくてはなりません。

その現実を、より良く、より快適に、より満足に、より幸せに進んでいけるように、現象を通して宇宙が語る〝あなたに伝えたい本当のこと〟について、次の項よりお伝えしましょう。

きっと、そこには、あなたの現実に役立つ、素晴らしい発見がたくさんあることでしょう。そして、それに気づけば、すべてが変わります！

宇宙は、いつも、どんなときも、あなたを助けようと真実を語っているのですから！

お金が入ってくるとき・出て行くとき☆「金運の秘密」

これさえわかれば、
あなたはどんな状況からでも富める人になる！

お金が入ってくる現象、出て行く現象、また、そのどちらでもなく、お金の動きがぴたっと停止している現象。そのどの状態の中にも、あなたに必要なメッセージを宇宙は伝えているものです。

お金が入ってくるという現象は、あなたの抱えるエネルギーが豊かにパワフルに充満しているときです。あなたが自分自身に満足し、好きでいて、その価値を知っており、しっかり活用している状態です。また、自分を楽しいことやよろこびに向かわせることに、成功している状態でもあります！

自分のいるべき場所にいて、すべきことに従事しており、そこから生まれる良きものをうまく受け取っています。自分自身に対してや、自分の仕事、まわりの仲間や社会と調和し、プラスになる豊かな働きかけをしており、その正当な対価がもたらされているものです。

そのとき宇宙は、あなたに「もっと楽しみなさい♪」「それを続けて！」「なにも恐れず良いものを受け取り続けなさい」「まだまだ、豊かになれますよ！」と言っているのです。そうすることで、富んだ状態はまだまだ続く！　と教えています。

それゆえ、**お金が入ってきたなら、その金額の規模の大きい小さいに関係なく、よろこんで、感謝して、受け取り続ければいいだけです！**

そのとき同時に、あなたの良きものを、人や社会やどこかに与えることをすると、なおいいでしょう！　それは〝金目のもの〟ということではなく、あなたの笑顔や親切や優しさや、ちょっとした手伝いや誰かのサポートや、アイデアや、特技でも、なんでもいいのです。

そうやって、感謝して、受け取って、与えて、また、感謝して、受け取ってということを続けるとき、お金や富やあらゆる豊かさの「循環」が生まれます!

何を隠そう! この「循環」を持つことが、〝お金の流れ〟を持つということです! この〝お金の流れ〟を持っている人こそ、「お金持ち」と呼ばれることになるわけです。

人がお金をほしいというとき、一時的なお金をほしいと言っているわけではなく、この永遠に尽きぬ〝お金の流れ〟をほしいといっているのです。

さて、この〝お金の流れ〟を自分も持ちたいのなら、お金がどこからか入ってきたときには、その入ってきたお金の規模の大きい小さいに関係なく、すべて、心から感謝することです。

大きなお金には感謝するけど、小さなお金には用はない! というような、貧しい了見でいると、お金が離れていきます。

小さなものにも大きく感謝するとき、その豊かな精神があなたのエネルギーを拡大させ、お金の素となり、そこから入ってくるお金の規模も拡大します！

しかし、たいがいの人は、お金が入ってきたとしても、ごくたまにか、あるいは、入ってくる状態がすぐに終わりがちなものです。

それは、なぜでしょうか？　答えは、「たったこれっぽっちか」と、宇宙がもたらしてくれたものにケチをつけ、「まだ足りない！」「もっと、ほしい！」と、欠乏感を強めるからです。

あるいは、お金が入ってきたときに、すぐに出て行く心配をするか、入って来たのと帳尻あわせにいやなことがありはしないかと、お金が入ってきたことを恐れるからです。また、それ以前の問題として、お金そのものを〝悪いもの〟〝汚いもの〟と心のどこかで感じていて、お金を手にすること自体に罪悪感や嫌悪感があるからです。

そういった人は、たいがい、お金に対する誤解や偏見や悪いイメージの奴隷《どれい》になってしまっているものです。

けれども、そういったものから解放されさえすれば、人は、入ってきたお金を素直によろこべ、歓迎でき、受け取り続けることができるようになり、大きなお金とご縁を結ぶのもかんたんになります。

もし、あなたが、いまより多くのお金を必要としているのなら、「ほしい、ほしい！」「もっと、もっと！」というのではなく、まずは、いま手にしているものにいったん感謝することです。

ひとこと心の中で「ありがとうございます」と感謝するほうが、よほどあなたの中から豊かなエネルギーが生まれやすく、お金をすんなり呼べるものです！

そして、「お金が入ってこない」「お金に困っている」という現象は、あなたに何を伝えているのでしょうか？

それは、「ほしいなら、お金を追いかけてはいけません」「お金だけがすべてだと思ってはいけません」と、伝えているということです！　そして、「心の中をいますぐ豊かさで満たしなさい」と！

実際、あなたに起こる現象は、これまでの章の中でお伝えしてきたように、内面と密接した関係にあります。それゆえ、外側の目に見える現実を豊かにしたいというのなら、目に見えない内側を先に豊かにするしかないのです。

それゆえ、お金が必要なら、いつでも、心の中で、先に、豊かさを味わうようにすることです。持ちたいものを持ち、味わいたい優雅さを贅沢に感じてみるのです。心の中で、イメージとして、感情として、どんなに裕福になっても、1円もかかりません。無料です！

しかし、**この無料の心の仕事があなたの内面に生み出すエネルギーは、のちに、あなたに巨額をもたらすことになるほどの大きな価値があります！**

前述の通り、宇宙は、あなたの金欠状態に対して、「ほしいなら、お金を追いかけてはいけせん」「お金だけがすべてだと思ってはいけません」と、伝えています。

そうして、こう肝心なことを伝えているのです！

「お金がほしいなら、お金を追いかけるのではなく、自分が元気になれること、やる気になれること、夢中になれる良いもの、好きなこと、楽しいこと、趣味、興味、希望を追いかけなさい！」と。

お金はエネルギーの交換物であるということを知っていれば、この宇宙が伝えてくれていることの正しさを、身をもってわかる日が来ることでしょう！

実際、そういうものを追いかけているとき、あなたはお金のことで悩んでいる暇はありません。元気で、快活で、イキイキしており、創造的で、行動的でいるものです。

そのとき、あなたの中には豊かさのエネルギーが満ちあふれ、あなたにお金や豊かさやあらゆる富を手に入れるためのヒントや情報や仕事、あなたを引き上げるキーマンや人脈やチャンスに出逢い、成功し、しっかり大金とつながれます！

お金が入ってこないというとき、人は、たいがい、欠乏感をもとに、エネルギー不足のまま、動いているものです。「お金がない！」とつぶやき、「困った、困った！」と言い、不安と恐れのエネルギーをどんどん膨らませているものです。

もし、あなたが大金を求めているのに、いまだそれを手にできずに苦しんでいるとしたら、その現象はあなたに、「お金を得るのを妨げるような思いや、間違った信念や、負のエネルギーを手放しなさい」と言っているのです！

お金を必要としているのなら、求めるときの気分や動機が、本当はとても重要なのだと知ることが何よりも大切です。

さて、お金が入ってもこない、出ても行かない、お金の動きがぴたっと止まったかのような状態になることがあるものです。

そのとき、その現象があなたに伝えていることは、「しばし、ゆっくり、休息しなさい。そして、次のステップのために、価値あるものを見出すべく、自分のエネルギーを満タンにしておきなさい！」ということです。

そして、あなたがうまくエネルギーチャージできると、余裕ある心と時間とやり方を生み出し、豊かな気分で落ち着いて、チャンスをつかむことができ、新たな活動の場や生きるよろこびを見い出せ、大きなお金の回路とつながることができるのです！

いいパートナーに恵まれないのは、なぜ？「良縁に恵まれる！」

現れる相手は、あなたが自分にしていることと同じことをする人

宇宙は、恋愛においても、現象を通して、いろんなことを教えてくれています。

その**大切なメッセージのひとつに、「あなたの前に現れる相手は、あなたが自分自身にしていることと同じことをする人」というものがあります。**

もし、あなたが、恋愛したい、恋人がほしいと思っていて、それなりに合コンに行ったり、誰かから紹介をしてもらったり、異性がいる場に行ったりもするのに、なかなか出逢えないという場合、あなたが「自分で自分を孤独に追いやっている」「〝私は、本当は異性が苦手だ〟と心の中でつぶやいている」「今度も出逢えないに決まっている」「男はどうせ美人に群がり、私のことなど見向きもしないはず」などと、そんなマイ

ナスなことを思い込んでいないかどうか、チェックすることです。

あなたの中にそういったものがあるとしたら、自ら、出逢いをけちらせ、異性を遠ざけているも同然です。

出逢いたいなら、「私はいい人と出逢いたいから、出逢えるし、出逢う！」「異性は、私をほおっておかない！」「私は出逢った相手に好意的に接する。それゆえ、相手からも好意を持たれる！」という、心的態度になっておく必要があります。

いつでも「心の中にあるものが、現象化するだけだ」というのは、現象共通の宇宙摂理だとわかっておいてください！

また、出逢うのは出逢ったけれど、何かどこか欠けた人や、尊敬できない人、問題のある人、とてもじゃないけれど他人に紹介などできない曰《いわ》く付きの人、暴力をふるう人、お金をむしり取られる人ばかり！　というのなら、いますぐ、自分の内面にあるものを徹底的にチェックしてください。

その内面には、なにかと自分の価値を下げる考えや、自分で自分を陥《おとしい》れがちなところや、自分で自分を痛めつけがちなところ、自ら不幸の中を進みたがる傾向や、なにかどこか間違ったものが巣くっているところがあるのかもしれません。

付き合うパートナーはろくでもない人ばかりという場合、たいがい、あなたは自分のどこかに、そういう相手と共鳴する何かを持っているものです。

たとえば、「自分を好きではない」「自分が自分を粗末にしている」「自分には価値がないと思っている」「自分は大したことのない人間だから、付き合う相手も大したことのない、問題を含んだ人でも仕方ない」「どうせ、私は男運がないから、悪い相手がくるのも当然」と。

そうして、「こんなやつ……」などと、心の中で相手をけなしているくせに、それを「よし」とする自分がいて、渋々でも、痛くても、それでもどこか心地いいものを感じては、付き合うことになってしまうわけです。〝同じ穴のむじな〟は、一緒にいると、落ち着くからです。

しかし、もしも、あなたの精神が健全で、本来の元気でパワフルな状態で、あなたがキラキラ輝いているというときなら、「えっ?」と思うような相手は、絶対に選びません。

人は、いつもの自分らしい自分でいるときや、本来の自分の目線にいるときや、輝いているとき、人生がうまくいっているときや、満足して生きているときには、おかしな人に近づかないものだからです。

それゆえ、いつも、自分の価値を認められる、健全な、明るい心の状態でいられるようにすることがなにより大切です。

さて、あなたがいいパートナーに恵まれず、いつも泣いてばかりいる、恋愛するとそのたびに不幸になってしまうというとき、宇宙は心を込めて、あなたに精一杯こんなメッセージを送っているのです!

「あなたはそのままで充分価値のある人です！　あなたには、他の人にない素晴らしい魅力がたくさんあります！　どうか、その自分の良いところをもっと認め、自分を好きになり、誰よりも愛し、やさしくしてください。

そもそも私があなたを生み出したのですから、あなたは素晴らしい人であることは間違いないのです。あなたは、かけがえのない宇宙の宝物です！　そして、愛されてしかるべき人なのです」と。

そうして、実際、あなたが自分を好きになり、良いところや価値を認め、誰があなたを愛そうと愛さまいと、そんなことに関係なく、自ら自分を愛し、癒し、優しくケアして、かわいがり、磨きあげるとき、あなたのエネルギーが浄化され、高まります！　そして、そのとき、魂の奥からあなた本来が持っていたまぶしい光が現れます！

その、**あなた自身が自らのために生み出した魂の光り＝愛の光が、キラキラ輝くオーラとなり、あなたと正しく恋におちるにふさわしい素晴らしい人、価値ある人、かけがえのない〝運命の人〟を惹き寄せるのです！**

とにかく、「あなたの前に現れる相手は、あなたが自分自身にしていることと同じことをする人」です。

そのことがわかったときから、人は、自分を本当に大切にすることができ、また、自分を大切にするのと同じくらい、目の前の相手をも大切にすることができるようになります。

そして、肝心なことは、自分を幸せにできるのは、自分しかいないということです。

「あの人は私を幸せにしてくれない」というのは、違うのです。

あの人があなたを幸せにしないのは、あなたが自分を幸せにしていないという警告なだけなのです。

いやな人ばかり寄ってくるのは、なぜ？「人間関係をよくする方法」

この「光の法則」がわかれば、コミュニケーションに奇跡が起こる！

恋愛に限らず、その他の人間関係でも、「あなたの前に現れる相手は、あなたが自分自身にしていることと同じことをする人」といえることが多々あります。

自分の内面に、自分で自分を否定するものや、自己卑下するもの、コンプレックス、嫌われていると思いがちなところ、人の目や言動を気にしすぎるところがあると、それが自分の中でクローズアップされすぎて、あたかも他人が自分にそれを突きつけているかのように、思うものです。

すると、誰といても、つねに何かびくびくしたり、恐れたりしますし、見下されているように感じたり、嫌われているように感じたりするものです。

そうして、知らず知らずのうちに相手におかしな態度をとることになり、相手からも避けられたり、嫌われたり、問題をふっかけられたりするのです。

よく「私はきっと、あの人に嫌われているわ」などと、何の根拠もなく言う人がいます。そういう人はたいがい、自分がその人を嫌いなだけです。

自分が相手を嫌うと、相手も自分を嫌いなのだと思い込んでしまうのです。思い込みは怖いもので、本当に両者の関係を壊してしまいます。

人間関係に辛いものが多いとき、宇宙は、うまくいかない人間関係の中で、あなたにこう語っているものです。

「その、辛い人間関係の中にいる必要はありますか？」

「もう、そろそろ、本当に自分と合う人と一緒にいたいと思いませんか？」

「幸せで豊かで申し分のない人間関係を叶えませんか？」と。

とはいうものの、誰とでも、仲良くうまくやっていくというのは、とても難しいことです。

というのも、人間もエネルギー的存在だからです！　それゆえ、波長の合わない人とは一緒にいられません。ライオンの群れにうさぎがいても食い殺されるだけです。

波長の合わない、次元の違う人といるから、トラブルになるということに気づくべきです！

電気製品ひとつ見ても、いえることです。もし日本の100ボルトのドライヤーを海外の200ボルトのコンセントにつっこめば、ドライヤーは動かなくなるか、壊れることでしょう。両者のエネルギーが違うからです。自ら、そんな危険にさらす必要はなかったのです。

合わない人と、無理に一緒にいる必要はないのです。要は、自分に合う、無理なく自然体でつきあえる人と、仲良くできればいいだけなのです。
合わない人間関係の中で人脈を１００人つくるより、本当に合うひとりかふたりと、いい関係になれたら、それだけで幸せだったりします。

わかり合える人が、たとえ、たったひとりであったとしても、その人がかけがえのない存在であれば、こちらの内面は満たされるというものです。

だからといって、「合わない人たちは無視しましょう」ということではありません。
合わないとわかったのなら、それでも挨拶《あいさつ》だけはにっこり笑顔でふつうにして、つきあいは必要最小限にとどめ、あとは深入りしないということです。

さて、次にもうひとつ、重要なことをお伝えしておきましょう！

それは、自分の中に、何ひとつネガティブなものがなく、明るく、元気に、まわりと仲良くやっているのに、ときどき、とんでもなく悪い人に、攻撃され、やられてしまうようなことがあるという場合についてです。

あなたにも、経験はありませんか？　なにもこちらは悪いことをしていないのに、意外な人から、ありもしないことを言われたり、誰かとの仲を裂かれたり、陥れられたりしたことが。

それは、「光」の法則によって、そうなってしまうのです。

人間関係は、「光」の法則でできていて、「光」のある人のところには（つまり、元気で、明るく、イキイキ、パワフルに活躍している人、幸せな人、まぶしい人のところには）、同じように素晴らしい人たちが集まって来るのはもちろんのこと、悪いものも寄ってきやすいということなのです。

これは、夜の外灯のようなものです。灯りの人に、人は集まってくるけれど、同時に、害虫も飛んでくるというのと同じです。

人間関係の「光」の法則では、まぶしい人のところに集まってくる、〝同じように光あふれるまぶしい人たち〟は、世の中を明るくし、光で満たし、浄化し、波動を高め、世直しをするために集結し、地球のエネルギー波動を高めていくものです！

しかし、まぶしい人のところにやってくる〝光を失った人〟たちは、その光を消し、闇に葬りたいという、よろしくない思いを抱いたりしているものです。

自分にはスポットライトが当たらず、なにも光を感じられない暗い状態の中にどっぷり浸って生きているから、まぶしく輝くその光が耐えられず、「目障りだ！」と、消し去りたいというわけです。嫉妬《しっと》し、ねたみ、勝手にうらみを募らせ、「こいつさえいなければ、自分は浮かばれる」などと、とんでもない勘違いをしているのです。

そもそもその人が浮かばれないのは、その人自身が、浮かばれない考え方をし、ネガティブなエネルギーを自分の中でため込み、重たい波動でいるからです。決して、人のせいではありません。

もし自分も、人に好かれたり、仲良くしてもらいたい、輝いて生きたい、まぶしい存在でいたい、スポットライトをあびたい、幸せになりたい！　というのなら、すべきことは、まず、自分の心を明るくし、光り輝くような考えや、良い要素を持つことです。決して、他の誰かをやっつけることで解決するのではありません。

しかし、ゆがんだ考えと思い込みで、罪のない人をやっつけたがる人は、この世に多いものです。この手の人は、あとをたちません。

そういう人にも、宇宙は、優しくこうメッセージしているものです。

「その人が、まぶしいですか？　その光を見ているのは耐えられないほどいやですか？　辛いですか？　その人がうらやましくて、嫉妬せずにはいられませんか？　しかし、あなたの中にも、同じ光の要素があり、あなたも素晴らしい存在なのですよ。人を攻撃している間に、自分の大切な人生の時間が失われていきますよ。そんなことをするために、あなたは、今世、存在しているのではありません。

誰をうらやまずとも、自分の居場所で、すべきことをして、あなたなりに光り輝くことを覚えなさい。いますぐ、自分を愛し、認めるのです。私もかけがえのない宇宙の子であり、尊い愛と光の存在だと。そして〝私さん、私があなたを誰よりもしっかり幸せにしてあげる〟と、そう自分で自分に約束するのです！

そうすれば、宇宙もあなたと約束しましょう！　絶対にあなたを幸せにしてみせる！」と。

もし、あなたが、いやな人の嫉妬や勝手なうらみやネガティブな思い込みによって、誰かにやっつけられているとしたら、心の中で、こう告げましょう。

「私はあなたを許します。あなたを宇宙にあずけます。あなたはあなたの場所で、輝いてください。そうして、私たちはもう、すっかりと、完全に解放され互いにいるべき場所で、それぞれに輝き、幸せになります！　すべては解決しました。そのことに、感謝します。ありがとうございます。いま、とても平和でおだやかで、すべてが宇宙の愛の中、調和しています」と。

ちなみに、ある「悪縁絶ち」で有名な神社の宮司が、人間関係の悪縁を切る秘訣について、こう教えてくれました。

「悪縁を切りたいなら、いきなり切ろうとして、相手に刺激を与えてはいけません。また、絶対に争うような言動をこちらからとってはいけません。相手を責めてもいけません。ただ、柔らかく、やさしく対応し、徐々にその人から遠ざかりなさい。すると、相手は勝手に離れていく」と。

さて、とにかく人間関係の悪いところには、平和や調和がなく、それゆえ、成功も幸せもありません。そこにあるのは、けなしあいか、足のひっぱりあいだけで、自分さえよければいいというエゴに満ちたものだけです。

しかし、反対に、人間関係の良いところでは、平和と調和があり、協調があり、成功や幸せが多々あります。そこにあるのは、思いやり、助けあうこと、引き上げあうこと、称えあうこと、与えあうことばかりで、それゆえ、そこにいるみんなの人生が勝手に潤ってくるものです。

結局、人間関係の良いところにしか、幸せも成功も富も、もたらされないようになっているのです。

成功できないのは、なぜ？「うまくいく人になる！」

楽しんでいますか？

昇りたいなら、もっと軽くなるだけでいい♪


自分の選んだ好きな道で、なにかとがんばっているつもりなのに、なかなか日の目を見ない、成功できない、思うような活躍ができない、ということはありませんか？

あなたが、前に進むため努力しているのに、うまくいかないとき、宇宙は、現象を通して、あなたにこう語っているのです。

「努力の仕方を間違えていませんか？」「本当にそれを無条件によろこびとしていますか？」「苦しんでいませんか？」と。

覚えておきたいことは、心の中や進み方のどこかで苦しんでいて、エネルギーが重くなったり、しこりになったりしていると、成功は遠のくということです。
つまり、あなたが自分にとっての〝正しい努力〟をしていないとき、うまくいかないわけです。

そのようにお伝えすると、「私は、誰よりもまじめに、必死で努力しています！」「死にもの狂いでやっています！」と、反論してくる人もいるかもしれませんね。しかし、それがよくないわけですよ、宇宙の観点からすると。

というのも、**宇宙のいう〝正しい努力〟とは、「もっと、軽くなること♪」だからです！**

念のためにお伝えしておきますと、「もっと軽くなること♪」とは、軽率になることではありません。手抜きして、適当にやることでも、いいかげんにやることでもありません。〝気分的に、エネルギー的に〟軽やかになるということです！

宇宙がいう〝正しい努力〟とは、あなたが、苦しまない、辛くない、重くならない、そんな努力をいっているのです。

すると、また、こんな意見が聞こえてきそうですね。「エッ⁉　努力というのは、辛くて当たりまえなんじゃないの⁉」と。それは多くの場合、人間の哲学のひとつの観点として示される考えです。

わかっておきたいことは、現象化は、エネルギーでするものだということです！

それゆえ、あなたの状態が、軽やかなのか、重いのかが、とても重要になってくるわけです！　成功したいなら、軽やかに行くしかありません。

軽やかでいるとき、あなたは、難なく、すぐに浮上できます！

宇宙があなたにしてほしいことは、ただ、よろこび、楽しみ、軽やかに、幸せになることだけです。

あなたは、本当に、好きな道で成功している人に、直接、話を聞いたことがあるでしょうか？

好きな道で成功できた人は、苦しい努力をしたから成功したのではなく、それを心からよろこび、楽しみ、興味を持って明るい気持ちでかかわり続けたから、すごいことが勝手にやれてしまい、そのおかげで成功したということです！

私の友人のシンガーソング・ライターのＫさんは、小さい頃から音楽が好きで、物心ついたときから、音楽が鳴り出すと勝手に体が動き、こたつの上にのぼっては、おもちゃのマイクで、でたらめな言葉を歌詞にしては、歌って遊んでいたそうです。

そうして、４歳のとき、親がピアノを与えると、毎日、毎日、よろこんでそれをさわっていたといいます。ときには、親が「もう、今日はそのくらいにしましょう。それより、ご飯を食べないと」と言っても、「ごはんなんて、いらないよぉ～。まだ、ピアノしたい♪」と言って泣いたほどだと。

ピアノをさわることは、彼女のよろこびであり、うれしい遊びであり、楽しいことそのもので、そこに、苦痛や努力はありませんでした。

彼女は努力して鍵盤《けんばん》をたたく技術を覚えたのではなく、勝手に、指が好きなところにいって、音を鳴らし、それを自分なりに楽しんでいたわけです。

その習慣が、彼女を知らないうちに絶対音感のある人にして、いま現在のような、オリジナリティあふれる曲づくりをさせ、歌手活動を成功させるものとなったのです。


また、わたくしごとで恐縮ですが、作家もそうです。誰かに文章の書き方を教えてもらったのでも、作家になるためにどこかの学校に行ったのでもありません。小学生の頃から、作文の時間が好きで、日記や詩を書くのが好きで、気づくと、いつでも何かを書いて遊んでいたわけです。それは、そうするのが、ただよろこびであったからそうしていただけです。また、そうしていると、学校であったいやなことや、家庭の中のごたごたしたものも、苦にならないくらい、心が救われました。

必死に努力したから作家になれたのではなく、よろこんで書きたいことや人の心に訴えたいものを書いていたから、作家になれただけなのです。

好きな道で成功したいというとき、「ただ、そうするのがよろこびだし、それがない人生なんて考えられないわ」というのなら、いま、まだ芽が出ないとしても、やがて、あなたはその分野で成功できることでしょう！

しかし、あなたがもし、「お金になりそうだから、この道を選んだ」「お金になるならやるけど、そうでないなら、やらなくてもいいわ」という程度の好きな道だとしたら、それは、本当には好きな道ではないのかもしれませんし、そこで成功するのは難しいでしょう。

好きな道が自分のミッションであり、成功するものである場合、ときには宇宙は、狭き門である厳しさをあえて、あなたに見せつけることもあるものです。

しかし、そのとき、狭き門は厳しい門だと勘違いした人たちは、すごすごとあきらめ、去っていきます。「好きな道です」と言いながらも。

けれども、**本当にその好きな道がミッションである人は、宇宙がどんなに門を狭め**

ようと、厳しいものを突き付けようと、一時的に、あきらめを誘うような場面を見せようと、あきらめることはなく、むしろ、そこをよろこんで超えて、その世界に入ってしまうものです。

そのとき、本当に、何も、辛くありません。というのも、その世界に入りたいし、入れるのがうれしいとわかっているからです！

本当には愛していないものを、人は簡単に見捨てます。しかし、本当にそれを愛し、それなくしては生きていけないというくらい、そのことを好きでいて、生きるよろこびにしていて、一生の友としたいとする人は、何があっても、絶対に途中でそれを見捨てません。

だからといって、「見捨てる人が悪い」と言っているわけではありません。ただ、「その程度の好きであった」というだけの話です。

あなたが好きな、同じ分野を目指す人が、この世に、ごまんといるとしたら、勝利するのは、その道を〝最も愛した人〟だということです！　そして、本気で愛している人には、誰も勝てないものです。

その誰も勝てない素晴らしい人は、誰よりも軽やかに、のびやかに、好きなことをよろこんでやった人だということです！　そうして、それゆえ、どんどん上昇できたというわけです。

もし、あなたが、いまだ好きな道で成功できず、悶々《もんもん》として、苦しんでいるというなら、一度、自分にこう問うてみてください。「あれ、いつのまにか、苦しんでいたのではないか？」と。

そうして、最初にそのことに出逢った、あのよろこびを、初心を思い出してほしいのです。あなたが苦しんで、重くなって、辛くなっているとき、宇宙はいつも、そっとそばでこうささやいています。

「素直に、子どものように、無邪気によろこんで、それをすればいいだけだよ♪」と。

実際、好きなことに対して、それ以外に、何ができましょう。

部屋が片づかないのは、なぜ？「運気アップの方法」

汚い部屋になっていませんか？
すべての根本原因は部屋にある！

あなたの部屋はきれいにそうじされ、片づいていますか？　いつも汚れていて、床は足の踏み場もなく、キッチンには洗い物がたまっているということは、ありませんか？

部屋がきれいか、それとも散らかり放題で汚れているのか、そんな現象の中にも、実は、とても大切なメッセージを宇宙は送ってくれていたのです。

まずお伝えしたいのは、**部屋は〝あなたの心と体と運のエネルギーの状態〟を如実にあらわすものだということです！**

部屋がきれいにそうじされ、物がちゃんと整理され、爽やかな風、新鮮な空気が通っているとき、あなたの内面はおだやかで、心が整い、自分にとっての心地良いペースで生きているということです。

そんなとき、あなたはいつもの自分をうまく表現でき、余裕をもって物事に当たることのできる状態です。仕事にも集中でき、テキパキこなせ、好きなことや、趣味や興味にもうまくかかわれます。運よく毎日を過ごせ、気の合う仲間との時間を楽しむことも、感動的な何かを仕入れることも、かんたんにできます。余裕があり、あらゆるチャンスに満ちた状態の中にいるものです！

この**「部屋がきれいな状態」は、現在の充実と、これから先の希望に満ちた展開を予感するもので、あなたの日常には、良いことがたくさん起こります！**

それゆえ、このままのきれいな状態をキープしていきたいものです。

ついでに、部屋に好きな花か、ピンクのバラを一輪飾れば、運気はぐんとアップします！

逆に、部屋は窓もあけず、風も通さず、ジメジメ湿っぽいというのは、よくありません。そのうえ、床にはいつ着たかわからない洋服が山積みにされていて、水場は汚れ詰まっているとしたら、問題です。

こういう状態のとき、たいがい、あなたは、自分の心や体調や行動リズムやエネルギーを整える暇もないくらい、忙しく自分を仕事や何かに駆り立てすぎなものです。

宇宙は、その汚い部屋と大変なあなたを見て、慈愛とともにこう言っているのです。

「もう、そんなに忙しく走りまわらないで！ お願いだから、ここらでひと息入れ、一度、しっかり休息をとって！」と。

そして、こう気にかけてくれているのです。

「あなたの心と体を癒すことを優先してください。しなくていいことや、かかわらなくていいことから手を引き、無駄な時間を減らしてください。何をおいても、いまは、自分の時間を持てるように自分をかばい、ケアしてください。

このままだとダウンしかねませんよ。

自分の心と体とリズムにもっと余裕を与え、ふつうに息ができる生活をしてください。そうして、あなた本来の素晴らしいエネルギーがうまく循環するようにしてください」と。

そうして**部屋が整うと、心も整い、エネルギーも整うので、いろんなことがうまくまわり出すようになっています！**

さて、あなたの家の中で、最もあなたのコンディションや運気にかかわる、水場は、徹底的にきれいにして、詰まることがないようにしてください。水場が汚れると、次のような場面で運気ダウンしがちだと、覚えておきましょう。

＊「トイレ」↓

あなたの金運を司ります。
汚れたり、詰まったりすると、金運が落ち、生活が大変に！
毎日そうじして、気持ちよく、使いましょう。
感謝しながらトイレ掃除をすると、
「うすさま明王さま」（家に金銀財宝をもたらす仏さま）の
ご加護をいただけ、
みるみる富貴繁栄し、生活が安泰となります！

＊「キッチン」↓

女性の全体運、家庭運、不動産運を司ります。
洗い物がたまり、ゴミの悪臭が放たれ、詰まっていると、
心身がよどみ、邪気がたまり、幸せと縁遠くなります。
食べたらすぐに片づけるくせをつけ、
いつも最高の女運を叶えましょう！

＊「風呂場」↓

恋愛運、夫婦運、パートナーとの親密運を司ります。

また、風呂場は、日常の厄や、自分の邪気を落とす場所、心身を清める場所でもあります。

シャワーだけでなく、湯船につかる習慣を持ち、いつも自分をきれいに清めておきましょう。

カビがはえたような汚れた風呂場は、運気ダウンを呼び込むもの。しっかり掃除を♪

＊「洗面所」↓人間関係運、交際運、社交運を司ります。

長い髪やゴミで詰まらせないようにしましょう。

洗面所を磨くと、あなたの感性も磨かれます！

家中、まるごと、どの部屋もきれいになったら、「福の神」が訪れ、その家には「吉祥」現象がどんどん起こり、家族みんなが幸せになります！

Chapter 5

あなたを幸せにする聖なる教え

「しくみ」を知って、
大いなる力を味方にする

流れに乗る人でいる！

宇宙の摂理に沿うだけで、なめらかに流れるようにスイスイ進める

あなたに起こる現象には、いつも、そのときどきで、理解すべき「大切な意味」があるものです。それは、あなたの〝心の中〟と密接につながっているからこそ、その〝心の中〟にあるものを、うまく叶えてあげようという慈愛に満ちたやり方で、展開していくものです。

また、**あなたに起こる現象は、あなたの心の中の願いや夢や目的を叶えるためだけではなく、あなたに必要な「気づき」や「学び」をさせるためにも起こります。**

そして、その現象には、２通りのパターンがあります！

ひとつは、あなたが「宇宙の摂理（大自然の摂理）」に沿った生き方ができているということを知らせるかのように起こる現象です。

それは、あなたを加速成長させ、飛躍させ、ステージアップさせ、いるべきふさわしい場所にいられるようにしてくれます。

そのとき、あなたの目の前では、いろんな出来事がみごとに連携するかのように、なめらかに流れ、スイスイスムーズに進み、円滑現象に満たされます。また、シンクロニシティやフロー、思いもよらぬ幸運の偶然・セレンディピティにも恵まれます！

この〝流れに乗る人〟でいるとき、人は、何もせずとも、勝手に、望む場所に運ばれて、あれよあれよという間に素敵なことのすべてを叶えられ、理想をそのまま現実として生きており、大きな感動と幸福感の中にいるものです！

もうひとつの現象は、あなたが「宇宙の摂理（大自然の摂理）」に沿っておらず、むしろ、逆らったような生き方になっているとき、それが〝間違っている〟ことをなんとか気づかせるために起こる現象です。

それは、あなたの何かを修正し、正し、本来進むべき道に戻すようにしてくれるものです。

この、**学びのために起こる現象には、ある特徴があります！　それは、たいがい、いやなこと、辛いこと、痛いもの、厳しいものがあるということです。**

そして、それは、あなたがその課題を学び終わるまで、これでもか、これでもかと、何度も手をかえ品をかえ、やって来ます。

けれども、恐れる必要はありません。いったん、あなたがそこにある課題を学び終えると、その現象はもう一切こなくなるからです。

ちなみに、あなたが学ぶ内容やレベルでないものや、学ぶ必要のないものや、経験する必要のないものは、一切やってきません。そして、なにがどういう形で起ころうとも、その現象からあなたが正しく学び終わると、新たな過程に移るか、それまでより次元の高い世界に移ることになり、次のステージに昇るようになっているのです。

さて、そういったことをわかっていれば、いやなこと、辛いことや、痛いもの、厳しいものがある現象があったからといって、たんに、不幸だ、不運だと嘆かなくてもすむものです。

実際、そういったことは、不幸ではなく、むしろ、新たな物の考え方や物の見方、新たな自分の生き方を教えてくれているだけです。自分という人間をひとまわり大きくしてくれ、のちの生き方をより賢いもの、より味わい深いもの、より感謝に満ちたものにしてくれるものです。

すべての現象の中には、その人自身の「魂の成長」という目的があり、それゆえ、そのために、何かを学ぶだけなのです。

ちなみに、辛いなら辛いなりに学びの意味があるわけですが、うれしいならうれしいなりに、それもまた、そこに良い学びがあるものです。

それが何であれ、起こった現象から何かを学べば学ぶほど、あなたの学ぶ力は大きくなり、学ぶ速度は速くなり、それに呼応するかのように、次の展開もどんどんスピーディーに現れ、ステージアップも早まります！

小さく知って、大きく役立てる

ささいな現象にも、大きな現象と同じ摂理が働く

あなたに起こる現象は、いつも必然であり、最善です。そして、それがどんなに小さなものでも、大きなものでも、そこには同じ摂理と働きがあるものです。

ただ、現象が小さいと、その現象が示す意味やメッセージを人はなかなか理解しにくく、大きいと理解しやすいということなのかもしれません。

覚えておきたいことは、宇宙は、「最初は小さく、だんだん大きく」現象をもたらすものであり、その際のメッセージや意味も、最初は小さく、だんだん大きく伝えられるということです。そして、現象が小さいほど宇宙があなたに伝えることは小さめで、現象が大きいほど、大きなものだということです。

たとえば、かぜをひいたとき、宇宙があなたにかぜをひくという現象を通して、〝体に気をつけてね〟と伝えたかったとしても、「今夜は、あたたかくして過ごして、早く寝てね」という程度でしょう。

しかし、大きな病にかかるという現象を通して、〝体に気をつけてね〟という場合は、「体に気をつけてって、あれほど日頃から言っていたのに、なぜ、そうなるまで自分の辛さを無視するの⁉ いっそ、あなたの生活習慣をこの際ぜんぶ見直してほしい。お酒もたばこもやめて、偏食もやめて！ なんならいっそ、仕事もやめれば⁉ それくらい、あなたのことが心配。いまこそ、目覚めて！」というくらい強いものでしょう。

あるいは、こうかもしれません。

「お願いだから、もう無理しないで。自分の心や体を大切にして。どうか自分を休ませて癒してほしいの。あとのことは心配しなくても大丈夫。私たちが何とかするわ。あなたを楽に前に進めるようにしてあげる。だからお願い。いまはどうか自分のことだけを赤ちゃんのようにいたわって、復活の時にそなえてほしい」

宇宙が、あなたの心身どころか、魂にも訴えかけるほどのもので、それくらい、あなたを強く守りたいし、もうこれ以上あなたに病気や苦痛という体験を与えなくない！　という切なるものです。

また、**それがなんであれ、宇宙は、あなたに現象を通して語るとき、いきなり一度にぜんぶを示すわけではありません。最初は小さく、だんだん大きく、一つひとつ、徐々に、順を追って、必要な場面や出来事を見せてくれるということです。**

宇宙が現象を通してあなたに何かを伝えたいときには、いつでも、最初、「あれ？」と何かに気を留めさせ、次に「えっ？」と思わせ、今度は「嘘でしょ⁉」と何かに注目させます。

そして、「どういうこと⁉」と考えさせ、確かめるべきものを確かめさせます。その過程をふりかえり、あなたはやっと物事の〝全容〟を把握でき、本音と真実に出逢うのです。「いやだ！」「ちょっと待って、なんとかしなきゃ！」と。

そのとき、いやでも問題箇所を見ることになり、そのおかげで、あなたのすべてがより良い状態に変えていけるわけです。

宇宙は、あなたにそのつど、何かを促しながら、導いてくれています！

もし「あれ？」という小さなサインの段階で、あなたが何かに気づいたとしたら、現象は、次の場面にはそのまま進まず、必ずその時点であなたを救いつつ、あとのことを引き渡すものです。

どんな現象を起こすのであれ、宇宙は、そのときのあなたがちゃんと見てとれるような早さで、気づける程度の出来事から、起こします。

その、順に起こる現象の時間的なスピードと、現象と現象の時間の間隔は、あなたにしっかりその意味とメッセージが伝わるように配慮され、綿密に計算されています。

そして、そのやり方は、いつもとても親切で、愛と慈悲に満ちています。

しかし、そんなふうに最初小さく現象を起こしているのに、あなたのほうがそれに気がつかない生き方をしていると、突然、何か大きなことが起こったように思えるだけなのです。

たとえば、あなたが夫に浮気されたという場合でも、「突然、夫が他の女のもとへ行き、いきなり私から去った」のではありません。そういうことも、本当は、何かが徐々に起こったあとのことなのです。

最初、夫婦の目が合わなくなり、次に会話がなくなり、ふたりで出かけることや食事をすることがなくなり、だんだん夫の外出が多くなり、そのあと、決定的なこととして、それが起こるだけなのです。

これとは、逆に、良いことが起こるときもそうです。小さなことから大きなことへと、徐々に、一つひとつ起こります！

最初、いい気分で元気に過ごす自分がいて、そこに小さな〝いいこと〟があり、それをよろこんでいると連鎖するかのように〝うれしい出来事〟があり、そのことにさらによろこびや自信が生まれ、イキイキしていると〝何かとツイている状態〟が続くようになり、やがて〝大幸運とも呼べる特別な出来事〟が起こる！　というように。

それゆえ、いやな芽は小さいうちに摘み取り、うれしいことは、出たその芽を大きく育めるよう、「宇宙は、最初小さく、だんだん大きく現象をもたらす」という摂理を、いつもわかっている人でいたいものです。

迷うことにも、意味がある

あなたが「どうすればいいのかわからない」ときも、宇宙には答えがある

たとえば、あなたに迷っていることがあったり、何かについて「どうすればいいのかわからない」と悩んでいることがあったりするときには、心を強制せず、しばし、迷うままにまかせてください。

というのも、迷うということや、どうすればいいのかわからないということにも、その現象には、それなりの意味があるからです。

そして、迷っているとき、あなたと宇宙の間で、何かが確実に調整されているということです！

それゆえ、その時間も大切なものとして、迷うままにまかせておけばいいのです。

わからないまま、しばし、そのままにしておけばいいのです！

迷っているときや、何かについてどうしようかと悩んでいるとき、人はその迷いやあやふやな状態からできるだけ早く抜け出し、スッキリしたいと思うものです。

しかし、決して、あせって、無理に、何かを強制的に決断してはいけません。

どのみち、気持ちを無視して、理論や理屈で何かを無理に決断しようとしても、それはすぐにくずれるものとなるからです。

覚えておきたいことは、判断を下すにも、「タイミング」というものがあるということです！　そのタイミングがくるまで、迷いはふっきれないし、決定は下されないようになっているのです！

だとしたら、その決断は、いつ、下る日を迎えることになるのか？　その日を心配する必要はありません。

というのも、たいがい宇宙が現象を通して、教えてくれるからです！

あなた自身が、どうすればいいかわからず、身動きできないでいたとしても、宇宙は答えをはじめから知っています！

それゆえ、あなたが何かを迷って、どうしようかと考えていると、たいがい、それに対するヒントになるようなことや、答えの方向性を示すような現象を送り込んでくるものです。

その現象は、あなたが何かを解決したいと思っているときに、解決したい気持ちの大きさと緊急性に合わせて、起こります。徐々に核心に迫りながら、その答えを「こうだよ！」と、強調しながら！

そうして、そのうち、決定的な何かが起きて、「やはり、こうだ！」という、迷いから抜け出せる〝決断の瞬間〟を迎えることになるのです！

そのとき、迷っていたことや、どうすればいいのかについて、あなたははっきりと答えを知ることになります。

たとえば、何かを「やったほうがいい」とか「やらないほうがいい」とか、やはり、誰かと「会うほうがいい」とか「会わないほうがいい」とか、どこかに「行ったほうがいい」とか、「やはり、行くのをやめよう」というように。

その決断の瞬間、あなたは「そうするのがいい！」という圧倒的予感につつまれるので、「まさに、いまだ！」とわかるし、それが正解であることを確信します！

その圧倒的予感から来る答えは、自分のハートに来るわけですが、もちろん、あなたとつながっている宇宙がもたらすものです！

宇宙は、過去・現在・未来の時空を超えており、それゆえ、未来のことも、いまこの時点でどうすべきかを知っており、それを見こした正しい回答をくれるのです！

その予感がいいものである場合、必ず良い現象が引き続きそのあとに起こり、その時点での決断が大正解だったことを、宇宙は現象として見せてくれるものです♪

魔法の言葉で、奇跡もコロコロ♪

キーワードが決まったら、あとはそれにふさわしくふるまうだけ♪

あなたの現実に起こることとは、あなたの内面とつねにリンクしています。

それゆえ、もし、目の前で起きている現象が気に入らないのなら、すぐさま内面を変えることです。

おもしろいことに、あなたが自分の内側に抱えている〝思い込み〟＝〝信念〟が、良いものに書き換えられると、ただちに、現実も良いものに書き換えられ、起こる現象が好転します！

あなたに起こる現象は、あなたの思いでひとつのひな型をつくり、感情でそれを強化し、言葉で確定させ、あなたのエネルギーの大きさに見合った形で、成立します。

そこで、これから、あなたがこの人生でなにかしら良い現象を生み出したい場合には、叶えたいことや、ほしいもの、成りたい状態を、まず思い、イメージし、感情を込めて育てたら、あとは、次のような言葉で、仕上げておくことです！

＊現象化を確実にする「魔法の言葉」＊

「必要なものは、満たされる！」

「私が必要とするものは、すべて与えられる！」

「ほしいものは、必ず手に入る！」

「思ったものは、なんでも惹き寄せられる！」

「私が目にした良いものは、やがて私のものになる！」

「よろこぶほど、さらによろこびごとが増える！」

「感謝するだけで、私のすべてはどんどん良くなる！」

「宇宙は私を愛し、守っていて、すべてのことが安泰となる！」

そして、この言葉におまけとして、「すんなり」「素早く」「スピーディーに」「あっけなく」「みごとに」「幸せな状態で」「大満足のいく形で」「奇跡とともに♪」という言葉を加えると、さらに、魔法は効果的に働きます！

あとは、そうなるつもりで、余裕ある態度で、リラックスして過ごします。そういう態度でいるとき、あなたは宇宙に全幅の信頼をあずけたことになり、その「良い報い」として、「結果」を現象として、受け取るのです！

ちなみに、特に、「奇跡とともに♪」という言葉をつけ加えると、本当にびっくりするような感動的な形で、ありえないくらいうれしいことが起こります！

また、こういった〝現象化を確実にする「魔法の言葉」〟を、ふだんから自分の口癖にすると、なにかと、叶えたいことがスムーズに叶い、奇跡もコロコロ起こるようになります！

というのも、繰り返し使う言葉や、お気に入りの言葉が、潜在意識にすんなり刻まれ、それをあなたの新しい「信念」として受け付けるからです！

自分の中にないものは、外側の世界に現れないわけですから、外側に良いものを現したいなら、現したいものを、より良く内面で生み出すことに成功しておかなくてはなりません♪

そのための言葉は、何よりも最強の「現象化ツール」となるのです！

起こることにまかせる

あなたの修行は、とてもやさしい♪
すべてを宇宙にゆだねなさい

あなたの内側と外側で起こる現象が密接な関係にあるからといって、なにもあなたは、自分に何が起きるのかをいちいち気にし過ぎながら生きる必要はありません。

起こることにまかせていれば、宇宙が自然に、あなたがたどり着くべきところに、たどり着かせてくれます！

あなたが何かをしようとしまいと、本来、「必要なら全体がそれを起こす！」という宇宙の法則のもと、すべてが動いています。

それゆえ、人は、ただ、起こることに〝身をまかせていればいい〟だけなのです。

この世界に生きているのは、あなたひとりではなく、この現実に起こる現象は、あなただけのものではありません。

現象が起こる背後には、あらゆる存在との何かしらのエネルギー的なつながりがあり、互いに精密につながりあいながら、宇宙は世界を司っています。

その宇宙という私たちの背後の力は、絶対的なものです。それゆえ、あなたは、自分の内面を整えたら、あとはふつうの日常に戻り、目の前にあるすべきことをして、あとのことはすべて、宇宙にまかせておくだけでよかったのです。

しかし、この〝すべてを宇宙にゆだねる〟ということが、ある意味、人間にとっては、難しい修行ともなるわけです。人間には「エゴ」があり、「ああしたい」「こうしたい」「こうなってほしい」という、果てしない欲があるがゆえに。

自分の思い通りに何かが起きないといっては、また、自分の都合のいいように物事が運ばないといっては、「なんでだ！」と文句を言い、怒ったりするものです。

しかし、狭い了見で物事を見つめて、がたがた言うべきではありません。

というのも、宇宙は、あなたの都合に合わせて現象を起こすのではなく、「宇宙の都合」に合わせて、現象を起こし、どんな面からみてもパーフェクトにあなたをサポートするからです！

そう聞くと、なんだか宇宙がこちらを無視して勝手な動きをしているかのように思えたり、宇宙が少しいじわるに感じたりする人もいることでしょう。

しかし、そうではありません！

あなたの考えている良いことよりも、もっと価値ある、もっと偉大な、もっと大きな、もっと良いこと、もっと幸せなこと、もっと素晴らしい成功を、夢を叶えるやり方を宇宙は知っているし、持っているし、叶えられるからです！

宇宙の愛と慈悲は、はかり知れないほど大きく、あなたが何も知らずに文句を言っているときでさえ、あなたをよろこばせよう、幸せにしてあげようと、奇跡を起こす準備をして、あなたの夢や願いや理想の未来を叶えるために働いているのです！　そう、いまも、無言で、もくもくと♪

そうして、すべてが整ったところで、その宝物の現象をポンッとあなたの目の前に差し出すのです。それゆえ、あなたは、すべてをゆだねて、待っていればいいのです。

なるようになると信じて！

それがあなたの仕事です！

感謝をこめた「あとがき」

あなたは幸せだけを惹き寄せる！

心に美しい花を咲かせるとき、
どこで何をしていても人生バラ色♪

いくつもの現象の織りなすこの現実を展開していくのは〝宇宙の仕事〟であり、それを生きるのが〝あなたの仕事〟です。そして、あなたにはそれ以前に、もうひとつ大切な仕事があります。

それは、この現実に咲かせたい花の「種」を蒔《ま》くことです。

どんな現象も、あなたが心に蒔いた種から、花を咲かせているだけです。

どうせ蒔くなら、色とりどりで、美しい、幸せの花を咲かせられるよう、蒔く種を選び、その花束を抱いたときの感動もあらかじめわかっておきたいところです。

その種が、あなたの〝夢の種〟なら、最高です！　夢があるからこそ、何の変哲もない日常も、きれいに彩られ、よろこばしいものになるのですから。

心にとめておきたいことは、「願いや夢を失ったとき、この人生は止まってしまう」ということです。きっと、そのとき、あなたが生きるエネルギーを失うからでしょう。

それゆえ、どんなささやかなものでもいい、たいそうなものでなくてもいいから、そう、たとえば、「今日も、笑顔で過ごせたらそれで幸せ♪」だというような、そんな願いは持っていたいもの。また、「ああ、この仕事が終わったら、温泉でもいこう♪」というような、そんな小さな夢でもあれば、明日に向かう活力にもなるでしょう。

この先に、楽しい予定や行事があるというだけで、人は、生きるのがちょっとばかり楽しくなるものです。

この現実の中、目の前に現れる数々の現象を、あなたが今日も元気に、明るく、快適に、ハッピーに進んでいける、夢の種を蒔いてみてください。

そうすれば、あなたの人生に惹き寄せられる現象は、幸せなものばかりとなるでしょう！

著者　佳川　奈未

宇宙は「現象」を通してあなたに語る
最速で願いが叶うシークレット・ルール

佳川奈未
特別メッセージプレゼント！

『宇宙は「現象」を通してあなたに語る』を手にしたあなたへ…

この本を手にとってくださった皆さまだけに
著者 佳川奈未の特別音声メッセージを無料プレゼント！
もうすでに幸運を手にしている方も
まだこれから手に入れる方も
佳川奈未からの直接のメッセージを聴いて、
さらに感性を高めてください！

音声メッセージを手に入れる方法は簡単！

1 「QRコード」もしくは「サイトURL」にアクセス！

QRコード　or　URL http://51collabo.com/nami/

2 お名前（ニックネーム可）と、メッセージのお届け先となるメールアドレスを入力！

3 佳川奈未からの音声メッセージ　ダウンロード完了！

佳川奈未のメッセージから、
更なるインスピレーションを手に入れましょう！

※メッセージの配信は2018年12月末までを予定しています。

《佳川奈未　最新著作一覧》

★☆★☆　**本当に良いものをあなたに☆　ビジネス社の本**　★☆★☆

『宇宙は現象を通してあなたに語る』　ビジネス社

★☆★☆　**自分らしくキラキラ☆　ダイヤモンド社の本**　★☆★☆

『船井幸雄と佳川奈未の超☆幸福論』　ダイヤモンド社

★☆★☆　**心と体と魂に優しいパワー・ブック☆　青春出版社の本**　☆★☆★

『「いいこと」ばかりが起こりだす　スピリチュアル・ゾーン』　青春出版社

《高次元にアクセスするガイドブック》

『「約束」された運命が動きだす　スピリチュアル・ミッション』　青春出版社

《ハイヤーセルフが語る人生のしくみ》

『人生の教訓』☆大自然に習う古くて新しい生き方　青春出版社

《易経が伝える「幸福繁栄」の秘密》

『ほとんど翌日　願いが叶う　シフトの法則』　青春出版社

《望む現実に移行する☆魔法バイブル!!》

『ほとんど毎日　運がよくなる　勝負メシ』　青春出版社

《食べるだけで強運になる☆365日まるごと開運習慣》

★☆★☆　**幸せに豊かに〝いい人生〟を叶える　PHP研究所の本**　★☆★☆

《単行本》

『おもしろいほど願いがかなう〝心の持ち方〟』　PHP研究所

『手放すほどに受け取れる宇宙の法則』　PHP研究所

『ビバリーヒルズ☆スピリット　幸せに豊かになるシンプルな教え』　PHP研究所
『あなたにとっての〝正しい答え〟を200%引き出す方法』　PHP研究所
『運命の人は探すのをやめると現れる』　PHP研究所
『恋愛革命』　PHP研究所
『未来想定でみるみる願いが叶う』　PHP研究所
『あなたの中のなんでも叶える〝魔法の力〟』　PHP研究所
『強運な女の心の持ち方』　PHP研究所
『望みのすべてを必然的に惹き寄せる方法』　PHP研究所

《PHP文庫》
『運のいい女、悪い女の習慣』（書き下ろし）　PHP研究所・PHP文庫
『成功する女、しない女の習慣』（書き下ろし）　PHP研究所・PHP文庫
『ありがとうの魔法力』（書き下ろし）　PHP研究所・PHP文庫
『幸福感性』　PHP研究所・PHP文庫
『本当に大切なものはいつも目に見えない』　PHP研究所・PHP文庫
『佳川奈未の運命を変える言葉200』　PHP研究所・PHP文庫
『すべてがうまくまわりだす　生き方の感性』　PHP研究所・PHP文庫
『みちひらきの魔法』　PHP研究所・PHP文庫
『おもしろいほどお金を惹きよせる心の持ち方』　PHP研究所・PHP文庫
『おもしろいほど願いがかなう心の持ち方』　PHP研究所・PHP文庫
『おもしろいほど「愛される女」になる魔法の法則』　PHP研究所・PHP文庫

★☆★☆　なみちゃん撮影ビジュアル&ポエムBOOK　中経出版の本　★☆★☆
『恋がかなう魔法の法則』　中経出版
（なみちゃん本人登場&なみちゃん撮影宮古島の美しい海辺と夕日の写真掲載）

★☆★☆　君への大切な贈りもの　ポプラ社の本　★☆★

『いじめは2学期からひどくなる』　ポプラ社

★☆★☆　セルフパワーアップ！　フォレスト出版の本　★☆★☆

『あなたの中の〝叶える力〟を200％引き出す方法』　フォレスト出版

★☆★☆　スピリチュアル&リアルな　ヒカルランドの本　★☆★☆

『願いが叶うスピリチュアルシークレット』　ヒカルランド
『宇宙銀行から、好きなだけ♪お金を引き出す方法』　ヒカルランド

★☆★☆　キラキラなみちゃんの　マガジンハウスの本　☆★☆★

《単行本》

『幸運予告』（初めての語りおろし特別CD付／約40分収録）　マガジンハウス
『幸運Gift☆』《エイベックス歌手デビューCD付》　マガジンハウス
『富裕の法則』竹田和平&佳川奈未　共著　マガジンハウス
『成功チャンネル』　マガジンハウス

《マガジンハウス文庫》

（業界初！一挙12冊オール書き下ろし！12冊同時発売☆）　マガジンハウス
『必然的に成功する100の方法』（書き下ろし）　マガジンハウス
『結果的にお金持ちになる100の方法』（書き下ろし）　マガジンハウス
『飛躍的に運がよくなる100の方法』（書き下ろし）　マガジンハウス
『恋愛運のある女、ない女の常識』（書き下ろし）　マガジンハウス
『母ほど偉大な人はいない』（書き下ろし）　マガジンハウス

★☆★☆　いつでも、いいことがいっぱい！　三笠書房のなみちゃん本　★☆★☆

『親と子の心を育む！ハッピーメソッド』（書き下ろし）　マガジンハウス
『奇跡を呼び込む！ありがとうの功徳力』（書き下ろし）　マガジンハウス
『金・薔薇・パワーストーン☆幸運の法則』（書き下ろし）　マガジンハウス
『夢を叶える！とっておきの方法』（書き下ろし）　マガジンハウス
『あなたの心がもう一度まぶしく光り輝く本』（書き下ろし）　マガジンハウス
『大いなる存在からの教え』（書き下ろし）　マガジンハウス
『僕が君を守るから』（書き下ろし）　マガジンハウス

《単行本》
『願いがかなう100の方法』　三笠書房
『なぜかお金に愛される女の習慣』　三笠書房

《知的生きかた文庫・わたしの時間シリーズ》
『きっと恋がうまくいく魔法の習慣』　三笠書房・知的生きかた文庫
『30分で運がよくなる魔法のノート』　三笠書房・知的生きかた文庫
『願いが叶う100の方法』（文庫版）　三笠書房・知的生きかた文庫

★☆　ありのままで素敵に生きる女性へ　WAVE出版の本　☆★

『金運革命』　WAVE出版

★☆　素敵な予感あふれる日常の贈り物　日本文芸社の本　☆★

『マーフィー　奇跡を引き寄せる魔法の言葉』　日本文芸社
ジョセフ・マーフィー　著／　佳川　奈未　監訳

★☆★☆　楽しくてためになる　講談社の本　なみちゃんシリーズ　★☆★☆

《単行本》

『自分で運命調整する方法』☆佳川奈未本人登場！ＤＶＤ（52分収録）　講談社
『運のいい人がやっている気持ちの整理術』　講談社
『どんなときもうまくいく人の〝言葉の力〟』　講談社
『怒るのをやめると奇跡が起こる♪』　講談社
『あなたに奇跡が起こる！心のそうじ術』　講談社
『〝結果〟は、自然に現れる！』　講談社

《講談社＋α文庫》

『叶えたいことを叶えている人の共通点』　講談社／講談社＋α文庫
『怒るのをやめると奇跡が起こる♪』　講談社／講談社＋α文庫
『運のいい人がやっている気持ちの整理術』　講談社／講談社＋α文庫

※電子書籍、ＰＯＤ書籍については、佳川奈未公式ＨＰをご覧ください。
http://miracle-happy.com/

佳川 奈未（よしかわ　なみ）プロフィール

作家。作詞家。経営者。神戸生まれ。現在、東京在住。
株式会社クリエイティブエージェンシー 会長。
「心」と「体」と「魂」に優しい生き方を創造する!
一般社団法人ホリスティックライフビジョン協会 会長。
その他、外資系美容事業、健康関連会社のビジネスオーナーも務める。

生き方・願望実現・夢・お金・恋愛・成功・幸運をテーマにした著書は、
約150冊あり、海外でも多数翻訳出版されている。アンドリュー・カーネギーやナポレオン・ヒルの「成功哲学」「人間影響心理学」、ジョセフ・マーフィー博士の「潜在意識理論」「自己実現法」などを30年に渡り研鑽。その学びと実践から独自の成果法を確立させ、「夢を叶える自己実現」「成功感性の磨き方」を通して、人々の理想のライフワークの実現に取り組んでいる。
2008年4月には、ニューヨーク・カーネギー・ホールで公演。ニューヨーク・国連本部・UNICEF代表者とも会談。印税の一部を寄付し続けている。2009年2月、エイベックスより「幸運Gift☆」で作詞と歌を担当し、歌手デビュー。（デビュー曲はエイベックス&マガジンハウス夢のコラボCD付Book『幸運Gift』として発売）
執筆活動の他、ディナーショーや講演、トークCD、音楽CDなどでも活躍。新聞･雑誌･ラジオ･テレビなどにも出演あり。スピリチュアルな世界にも精通。実生活に役立つ形で展開させるべく、潜在意識活性法や能力開発、願望実現などの実践セミナーも開催。
臼井式レイキ・ヒーラー。エネルギー・ワーカー。
ホリスティック・レイキ・マスター・ティーチャー。
著書に、デビュー作『恋とお金と夢に効く! 幸せな奇跡を起こす本』(ゴマブックス)、他、代表著書に『運のいい女、悪い女の習慣』『ありがとうの魔法力』(以上、PHP研究所・PHP文庫)、『幸運予告』（マガジンハウス）、『約束された運命が動き出すスピリチュアル･ミッション』『人生の教訓』『ほとんど翌日願いが叶うシフトの法則』（以上、青春出版社）など多数。

★佳川奈未公式オフィシャルサイト
『ミラクルハッピーなみちゃんの奇跡が起こるホームページ』
http://miracle-happy.com/

※ホームページの「Fan・メルマガ（無料）」(会費・年会費・メルマガ配信などすべて無料)に登録すると、毎月、『NAMI TIMES☆』が配信され、最新刊情報、講演・セミナー・楽しいイベントなどの情報が“優先的”に入手できます。また、“ここでしか読めない”ためになるエッセイや夢を叶える秘訣、お金持ちになる方法、成功の法則など、興味深い内容も♪

★佳川奈未オリジナルブランドグッズ通販サイト
『ミラクルハッピー百貨店』HP
http://miraclehappy-store24.com/

★佳川奈未が会長をつとめる
『一般社団法人ホリスティックライフビジョン協会』新・HP
http://holistic-life-vision24.com/

宇宙は「現象」を通してあなたに語る

2018年6月1日　　第1刷発行

著　者　佳川　奈未
発行者　唐津　隆
発行所　株式会社ビジネス社
〒162-0805　東京都新宿区矢来町114番地
神楽坂高橋ビル5階
電話 03(5227)1602　FAX 03(5227)1603
http://www.business-sha.co.jp

カバー印刷・本文印刷・製本/半七写真印刷工業株式会社
カバーデザイン　斉藤よしのぶ
本文組版　茂呂田剛(エムアンドケイ)
編集担当　船井かおり
営業担当　山口健志

ISBN978-4-8284-2026-4

ビジネス社の本

すり減る毎日が変わるシンプルな考え方
働くのがつらいのは君のせいじゃない。

佐々木常夫……著

定価　本体１２００円＋税

ISBN978-4-8284-2003-5

働くのがつらいのは
君のせいじゃない。
すり減る毎日が変わる
シンプルな考え方
佐々木常夫
「部下を怒鳴るのは教育の一環」
「若手なら体を張るなど当然」
「忍耐強ければ強いほどいい」
「がんばる＝いいこと、がんばらない＝悪いこと」
こんな
会社の"常識"に縛られるのは、
もうやめよう。
ビジネス社

「簡単に辞められない」からこそ知ってほしい、仕事、人間関係に本気で悩む人に役立つ「いちばん大事な働き方のコツ」「仕事」「会社」の本当の意味、そして、折れそうな心をしっかりと支える「考え方」といった〝本当の答え〟を、やさしく解き明かします。

本書の内容

ビジネス社の本

インディゴチルドレンという愛と光の戦士たち
新・宇宙チルドレン

南山みどり……著

「生きづらい」と感じている
すべての人に贈る愛のレッスン。
ありのままを認められず、
受け入れられないまま成長をした「あなた」。
心の奥深いところにある
本当の思いを感じてみませんか？

定価　本体1300円＋税
ISBN978-4-8284-1997-8

本書の内容